헬라어로 보는 성경 시리즈 02

■ 헬라어로 보는 성경 시리즈 02 ■

역사적 전천년일 수밖에 없는

요한계시록

요한계시록 22장 2절 말씀
그 성의 개방된 광장 곧 그 많은 양의 물
가운데 바로 여기에 생명나무가 있어

헬라어로
보는
성경말씀

도상순 지음

30년 동안 매일 헬라어로 보니
환난 전 휴거가 없음을 증명하다.
해를 입은 여자가 낳은 아들은
예수님이 될 수 없음을 증명하다.

비전북

30년 동안 매일 헬라어로 보니

환난 전 휴거가 없음을 증명하다.

해를 입은 여자가 낳은 아들은 예수님이 될 수 없음을 증명하다.

추 천 사

최 홍 석(총신신대원 명예교수)

　종말론은 단지 교의학의 끝부분에 위치하는 정도의 위상을 가지는 것이 아닙니다. 기독교적 사고와 삶을 주도하는 전제의 역할을 하기 때문에 그 중요성에 대해서는 더 이상 논의할 필요가 없을 것입니다. 그러기에 종말론에 대한 연구는 단지 현학적 관심이나 지적 욕구 충족의 차원에서 이루어질 일이 아닙니다. 기독교적 종말론이 가지는 삶의 실천적 의미는 실로 중요합니다.

　본서는 저자의 처녀작, 『얻는 구원 이루는 구원 이르는 구원』이 2015년 출간된 이후, 나온 두 번째 노작(勞作)입니다. 본서의 여러 특징들 가운데 하나는 청중을 앞에 두고 행한 강해설교 형식을 취한다는 점입니다. 청중의 교화를 위한 목적에서 저술된 글들이기에 본서는 명료한 본문해석과 삶에의 적용이 뚜렷하다는 장점을 지닙니다. 이와 관련하여 저자는 본문을 해석하되, 헬라어(Greek) 본문으로부터 그 일을 수행하였기에 성경의 본의를 드러내려는 의도를 분명히 하였으며, 그 결과 오독(誤讀)으로 인한 그동안의 잘못들을 교정하려는 선한 의도 역시 돋보이는 장점입니다. 이 모든 일들은 '오직 성경으로써'(Sola Scriptura)라는 종교개혁자들의 정신에

충실하려는 저자의 신앙적 입장을 드러냅니다.

성경 가운데 아마도 요한계시록만큼 다양한 해석을 일으킨 책은 없을 것입니다. 클라우스(Robert G. Clouse)가 편집한 『천년왕국』(The Meaning of the Millennium)이란 책에는 "역사적 전천년기설", "세대주의적 전천년기설", "후천년설", "무천년설"의 주창자들의 입장이 소개되고, 그 주장에 대해 다른 입장의 대변자들이 각각 논평, 반박하는 구조로 구성되어 있으며, 편집자는 어떠한 일방적 결론도 내리지 않습니다. 이는 그만큼 계시록에 대한 해석이 난해하며, 그러기에 교회 역사상 다양한 견해와 입장이 시대마다 존재해 왔다는 것을 웅변적으로 시사하고 있다고 생각합니다. 칼빈(J. Calvin)이 요한계시록 주석을 집필하지 않은 이유도 서신의 난해성 때문이 아니었을까 하는 추측이 없지 않습니다.

죽산 박형룡은 그의 『내세론』에서 "교회의 지도자들과 신도들은 이 삼론(무천년설, 후천년설, 역사적 전천년설)의 하나를 자유로 취하되 다른 이론을 취하는 자들에게 이해와 동정으로 대해야 할 것"(저작전집, 『내세론』, p.277)이라고 신중하고도 사려 깊은 지적을 한 바 있습니다. 그럼에도 죽산은 '역사적 전천년설'과 소위 '세대주의적인 전천년설'을 구분하면서 후자에 대해 성경해석학적 차원에서 여러 비판을 가하였습니다.

본 추천인은 저자의 입장을 존중합니다. 그러나 본인이 본서를 추천한다고 하여, 본인의 입장이 세세한 부분에 있어서까지 저자의 입장과 전적으로 일치하거나 동일하다는 의미는 아닙니다. 따라서 성경의 본의에 접근하기 위해 우리 모두는 지속적으로 더욱 치밀한 연구에 매진해야 할 것입니다. 본서는 앞서 밝힌 장점들 이외에도 유익한 점들을 많이 가지고 있지만, 지나칠 수 없는 또 하나의 장점이 있다면, 그것은 본서의 저술 목적, 곧 경건한 삶을 위한 성경해석에 저자는 큰 관심을 가졌기에, 그로부터 나오는 유익들은 매우 구체적이며, 실제적이란 점일 것입니다.

　마지막으로, 이 책을 대하는 모든 분들은 저자가 '서문'에서 밝혔듯이 본서의 주된 저술목적이 기존의 오역들을 바로잡아 바른 판단을 돕고자 하는데 있음을 기억할 필요가 있을 것입니다. 따라서 저자 자신이 제안한 것처럼, 이 책과 더불어 여러 건전한 신학자들의 저서들을 비교 연구하며, 관련 내용들을 궁구(窮究)하신다면, 더욱 많은 유익을 얻으리라 확신합니다.

　부디 바라기는 성경을 펴고 성령의 조명하심을 의지하며, 본서와 여러 건전한 저서들을 비교 연구하는 가운데 보다 명료한 성경적인 진리에 이를 뿐 아니라, 그 진리를 따라 사는 일에 혁혁한 진전이 있으시기를 기원합니다.

서 문

예수 그리스도의 계시

요한계시록은 예수 그리스도의 계시입니다. 그런데 많은 사람들이 계시록을 두려워합니다. 하지만 예수 그리스도의 말씀은 언제나 우리에게 복됩니다. '계시'란 [ἀποκαλυψις_아포칼립시스] '커튼을 젖히다'라는 뜻으로, 주께서 자기 백성에게 주신 말씀이자 위로와 권면의 말씀입니다. 계시록 역시 성도들에게 복된 말씀임에 틀림없습니다. 성도가 계시록을 배우면 주의 보호하심과 은혜의 풍성함을 깨닫고 환난을 이길 확신이 넘칠 것입니다. 그리스도를 더욱 의지하며 평안이 있습니다. 그럼에도 두려움을 느끼는 것은 잘못 이해하기 때문입니다. 필자는 계시록을 연구할수록 이 예언의 말씀이 우리에게는 복된 말씀임을 깨닫게 되었습니다. 그래서 함께 나누고자 합니다.

한편 성경은 어려운 부분도 있습니다. 특히 계시록은 더 어렵습니다. 억지로 풀다가 스스로 멸망에 빠지는 경우, 이단으로 빠질 수도 있고, 굳건한 믿음에서 떨어질 수 있다는 것도 알아야 하겠습니다. 그러므로 성경에서 어려운 부분은 억지로 풀기보다는 그대로 두는 것이 제일 안전하고 좋습니다.

박희천 교수님의 말씀을 떠올려 봅니다. 겨우내 얼어붙은 강 속에 박힌 접시를 꺼내려 얼음을 깨면 접시도 깨질 수 있으니, 가만히 봄이 오기를 기다리면 강물이 녹아 어렵지 않게 온전한 접시를 꺼낼 수 있다고 하셨습니다. 아무리 조심하여도 한 번 실수하면 접시가 깨지고 맙니다. 현재 어려운 부분은 가만히 두고 성경을 연구하다 보면 나중에 저절로 해결될 때가 있다는 것입니다. 저도 계시록의 어려웠던 부분이 마태복음을 보면서 풀렸고, 또한 요한복음과 요한일서를 보면서 해결할 수 있었습니다. 앞으로 계시록을 공부하며, 멈출 곳에서 멈추며, 복음, 복된 소식을 더 이해해 보면 좋겠습니다.

본서는 역사적 전천년설을 따릅니다. 요한계시록을 바라보는 세대주의 또는 후천년이나 무천년 등의 각 설들을 겸손하고 넓은 관용성으로 모두 인정하고 포용할 수도 있겠으나, 본서는 헬라어를 보면서 감히 다른 것은 틀렸고 '역사적 전천년'만이 맞음을 주장합니다. 또한 헬라어 원문을 보며 오해되는 부분을 분별하면 계시록의 내용이 아주 간단함을 보여줍니다. 어떤 상징이 무엇이냐보다 중요한 것은 끝까지 회개하며 이기면 하나님께서 반드시 지켜 주신다는 것입니다.

헬라어를 30년 동안 매일 보다 보니 애매하던 것이 분명해지는 것을 봅니다. 이 책에서는 몇몇 잘못된 번역을 바로잡아 바른 판단을 돕고자 합니다. 그리고 한글 번역이 아쉬운 곳을 제안하여 다음 성경 번역시 참고할 수 있도록 했습니다. 계시록의 일반적인 내용은 다양한 책을 보시고 참고하시면 될 것입니다.

또한 유튜브 채널 〈아볼로 성경 연구원〉으로 오시면 계시록 강의 동영상이 더 있으니 참고하시고 도움이 되시기를 바랍니다.

2020년 3월

도 상 순 목사

1. 헬라어 동사의 {현재}형은 단순히 현재시제로도 이해되지만, '현재 진행형'과 '반복'의 뜻이 더 있다는 것을 기억하십시오.

2. 우리말로는 '받다' 또는 '얻다'로 번역된 헬라어 동사가 종종 {능동태}로 쓰여 있음을 기억하십시오.

   [ἐχω_에코 : have] - 가지고 있다. 현재 소유하고 있다.

   [λαμβανω_람바노 : take] - 누가 준 것을 '받는' 것이 아니라 적극적으로 '취하다'.

3. 우리말로 '처음'이라 번역되는 단어 [πρωτος_프로토스]가 시간적으로 먼저라는 뜻도 있지만, '탁월성이나 중요도에 있어서 으뜸'이라는 뜻 역시 있음을 기억하십시오.

4. 또한 본서는 성경 말씀과 헬라어 표기에 있어, 다음과 같은 몇 가지 기호를 사용합니다.

   (   ) 성경의 장과 절

   [   ] 헬라어 단어와 발음, 뜻 : [ἐχω_에코 : have]

   {   } 헬라어 단어의 문법. : {시제/태/성/수/격} 등

   「   」 사본 이름 :「스테판 사본」

   〈   〉 성경 구절 그대로 인용함

   "   " 성경 구절의 번역을 제안, 교정함

   '   ' 단순 강조

도표로 보는 요한계시록

1장	2장	3장	4장	5장	6장	7장
서론 아멘① 은혜와 평강 아멘② 애곡하리라	에베소 서머나 버가모 두아디라	사데 빌라델비아 라오디게아	하늘 보좌	인 뗄 자	인 재앙	인침 받는 14만4천

8장	9장	10장	11장	12장	13장	14장
나팔 재앙 ①②③④	나팔⑤ 황충 재앙 나팔⑥ 유브라데 전쟁	펴 놓인 작은 책	두 증인의 활동 나팔⑦불다	해를 옷 입 은 여자가 낳은 아들	바다 짐승 땅 짐승	시온 산의 14만4천

15장	16장	17장	18장	19장	20장	21장
유리 바다 모세의 노래	대접 재앙 아마겟돈 전쟁	음녀 심판	바벨론 심판	세마포 입음 아마겟돈 전쟁의 모습	첫째 부활 곡과 마곡 전쟁 백보좌 심판	신천신지 새 예루살렘

22장						
생명나무 마지막 권면						

재앙의 두루마리를 봉인한 일곱 인

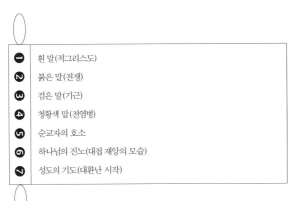

❶ 흰 말(적그리스도)

❷ 붉은 말(전쟁)

❸ 검은 말(기근)

❹ 청황색 말(전염병)

❺ 순교자의 호소

❻ 하나님의 진노(대접 재앙의 모습)

❼ 성도의 기도(대환난 시작)

(제 8장에서 일곱째 인이 떼어지면, 애곡과 재앙의 두루마리가 펼쳐지며 대환난이 시작됩니다.)

7년 대환난과 재앙

적그리스도출현		휴거		
전삼년반	후삼년반	천년왕국	영원세계
	(짐승의 집권)	(혼인 잔치)	

①②③④　⑤　⑥　　　⑦
　　　　(유브라데 전쟁)　(아마겟돈 전쟁)　(곡과 마곡 전쟁)

〈일곱 나팔 재앙〉
① 땅 삼분의 일
② 바다 삼분의 일
③ 강 삼분의 일
④ 해 삼분의 일
⑤ 첫째 화 (황충 재앙)–5개월
⑥ 둘째 화 (유브라데 전쟁)–3년6개월
⑦ 휴거/셋째 화 (대접 재앙)–하루

〈일곱 대접 재앙〉
(1) 땅
(2) 바다
(3) 강
(4) 해
(5) 짐승의 왕좌
(6) 아마겟돈 전쟁
(7) 공중

13

목 차

요한계시록 1장

서 론

1. 그의 종들에게

계 1:1 예수 그리스도의 계시라 이는 하나님이 그에게 주사 반드
시 속히 일어날 일들을 그 종들에게 보이시려고 그의 천사를 그
종 요한에게 보내어 알게 하신 것이라
계 1:2 요한은 하나님의 말씀과 예수 그리스도의 증거 곧 자기가
본 것을 다 증언하였느니라

요한계시록은 〈예수 그리스도의 계시〉입니다. '계시[ἀποκαλυψις_아포
칼립시스]'란 '커튼을 젖히다'라는 뜻입니다. 즉 〈예수 그리스도의 계시〉
는 음산한 비밀이 아니라 성도에게 주신 복된 능력의 말씀입니다. 주께서
자기 백성에게 주신 위로와 권면의 말씀입니다.

어떤 이들은 믿음만 바르게 잘 지키면 계시록을 몰라도 된다고 주장합
니다. 그러나 그렇다면 그저 믿음을 잘 지키라고 하시면 될 텐데 왜 굳이
요한에게 보이시고 계시록을 기록하게 하셨을까요?

복음서는 복음서대로 필요하고, 계시록은 계시록대로 필요하기 때문
에 주신 것입니다. 믿음을 잘 지키고자 하는 성도라면 반드시 계시록을

알도록 힘써야 합니다. 〈반드시 속히 일어날 일들을〉 보여주시고 알게 하셨는데, 우리가 계시록을 알고자 하지 않는다면 그것은 주님의 뜻이 아닙니다. 성도라면 계시록을 읽고 말씀하시는 뜻이 무엇인지 알고자 힘써야 합니다.

예수님의 계시는 〈그 종들에게 보이시려고〉 알게 하신 것입니다. 〈그 종들〉은 누구일까요? 일반적으로 계시록에서 〈종〉이 [단수]로 쓰인 것은 사도 요한(1절)이나 모세[1]를 가리킵니다. 그러나 〈종들〉이라고 [복수]로 쓰인 것은 믿는 모든 성도들을 의미합니다.[2] 그러므로 〈종들〉, 곧 모든 성도는 계시록을 읽고, 알도록 노력해야 합니다. 하나님께서 보이셨고 알리고자 하셨기 때문입니다. 〈반드시 속히 일어날 일들〉이므로 서둘러 배워야 합니다. 알지 못하면 대비하지 못하기 때문입니다.

또 많은 설명들이 서로 다르기 때문에 어느 것이 맞는지 모르겠다고들 합니다. 그러나 너무 걱정할 필요는 없습니다. 네비게이션도 길을 안내하다가 운전 중에 길을 잘못 들어서면 다시 정리하여 안내해 주지요. 우리가 도중에 계시록을 잘못 이해할 수 있다 해도, 전체를 알도록 계속 노력하는 과정 가운데 하나님께서 바르게 깨닫도록 인도하시고 이해하게 하실 것입니다. 그러나 계시록 말씀을 읽고자 한 적도 없는 사람에게는 바로잡아 줄 수가 없습니다. 말씀을 공부하고자 하는 사람에게는 때를 따라 성령 하나님께서 다시 정리해 주시고 바르게 인도하실 것입니다. 그러므로 계시록 전체의 내용과 흐름을 알도록 노력하는 것이 매우 중요합니다.

---

1) (계 15:3) **하나님의 종 모세**의 노래, 어린양의 노래를 불러 이르되 주 하나님 곧 전능하신 이시여 하시는 일이 크고 놀라우시도다 만국의 왕이시여 주의 길이 의롭고 참되시도다
2) (계 19:5) 보좌에서 음성이 나서 이르되 **하나님의 종들 곧 그를 경외하는 너희들아** 작은 자나 큰 자나 다 우리 하나님께 찬송하라 하더라

계시록을 해석하는 여러 가지 관점이 있지만, 이 책에서는 계시록 3장 10절과 20장의 내용을 근거로 "역사적 전천년설"을 지지하며, 헬라어 번역 때문에 오해가 생기는 곳을 바로잡으려 합니다. 뿐만 아니라 계시록의 세 재앙, '인 재앙', '나팔 재앙', '대접 재앙'을 시간의 병렬적 나열이 아니라 입체적으로 보는 관점을 제시하고자 합니다. 이 책을 다 읽으신 독자들은 계시록이 간단명료하고 쉬운 책이라는 것을 알게 될 것입니다.

2. 읽는 자와 듣고 지키는 자

> 계 1:3 이 예언의 말씀을 읽는 자와 듣는 자와 그 가운데에 기록한 것을 지키는 자는 복이 있나니 때가 가까움이라

1) 〈읽는 자〉 – 가르치는 이

3절의 〈읽는 자〉[ὁ ἀναγινωσκων_호 아나기노스콘]은 [분사/현재/능동태/남성/단수/주격]으로, 현재 말씀을 "읽고 있는 사람"을 의미합니다. [단수]이므로 "성경을 읽어 전하는 사람", 즉 목회자 또는 성경을 가르치는 사람으로 이해됩니다.

2) 듣고 지키는 자 – 배우는 자

흔히 3절의 말씀을 보고, 성경은 읽기만 해도 복이 되고 듣기만 하여도 복이라고 생각합니다. 실제로, '읽고 듣는 자가 복이 있다'는 제목의 설교

도 본 적이 있습니다. 그러나 이것은 성경을 매우 오해한 것입니다. 위 3 절에서 〈듣는 자〉와 〈지키는 자〉[οἱ ἀκουοντες καὶ τηρουντες_호이 아쿠온테스 카이 테룬테스]는 {분사/현재/능동태/남성/복수/주격}으로 쓰였고, 〈듣는 자〉와 〈지키는 자〉가 [oi_호이 : the]라는 정관사 하나로 묶여 있습니다. 문법적으로 이는 〈듣는 자〉와 〈지키는 자〉가 각각 다른 사람이 아니라 '동일한 사람'을 뜻한다는 것입니다. 그러므로 "듣고 지키는 자"라고 묶어서 인식하고, 이해하고, 가르쳐야 합니다. 듣기만 하여도 복이라고 하면 속이는 사람이 됩니다. "듣고 그 가운데 기록된 것을 지키는 자"는 복이 있지만, 듣기만 하고 지키지 않으면 모래 위에 집을 지은 어리석은 자[3]가 되기 때문입니다.

말씀을 듣고 순종하여 지키는 것은 쉬운 일이 아닙니다. 말씀을 지키도록 강조하여 가르치지 않으면, 사람들은 알면서도 지키지 않습니다. 이러한 경우, 말씀을 읽고 전한 자는 이를 책망해야 합니다. 단, 읽고 가르치는 사람은 듣는 성도를 책망할 수 있도록 자신이 먼저 행하면서 가르쳐야 덕이 됩니다.

3. 장차 오실 이? 지금도 오시는 이!

1) 은혜와 평강의 기원

계 1:4 요한은 아시아에 있는 일곱 교회에 편지하노니 이제도 계시

---

3) (마 7:26) 나의 이 말을 듣고 행하지 아니하는 자는 **그 집을 모래 위에 지은 어리석은 사람** 같으리니

고 전에도 계셨고 장차 오실 이시며 그의 보좌 앞에 있는 일곱 영과

계 1:5 또 충성된 증인으로 죽은 자들 가운데에서 먼저 나시고 땅

의 임금들의 머리가 되신 예수 그리스도로 말미암아 은혜와 평강

이 너희에게 있기를 원하노라 우리를 사랑하사 그의 피로 우리

죄에서 우리를 해방하시고

대부분의 서신서는 성부와 성자의 이름으로 문안하며 시작됩니다.[4] 그런데 유독 계시록에서는 사도 요한이 삼위 하나님의 이름으로 문안하고 있습니다. 또한 각 부분이 삼위 하나님의 속성을 드러내기 때문에 중요하고 특별하다 하겠습니다. 이 특별한 인사는 4절과 5절로 이어지기 때문에 함께 보아야 합니다. 이 중요한 인사는 바로 〈은혜와 평강이 너희에게 있기를 원하노라〉[χαρις ὑμιν και εἰρηνη_카리스 휘민 카이 에이레네]입니다.

우리는 이 4절과 5절에서 〈은혜와 평강〉의 '기원'을 눈여겨보아야 합니다. 〈은혜와 평강〉이 어디서 나옵니까? 이제 [ἀπο_아포 : from]라는 전치사에 주목해 봅시다. 4절과 5절에는 이 전치사 [ἀπο_아포]가 세 번 나옵니다. 이 세 번의 전치사와 그 목적어를 함께 보면 다음과 같습니다.

* [ἀπο του ὁ ὢν και ὁ ἦν και ὁ ἐρχομενος]
  〈이제도 계시고 전에도 계셨고 장차 오실 이〉로부터 나오는
  은혜와 평강
* [ἀπο των ἑπτα πνευματων]
  〈일곱 영〉으로부터 나오는 은혜와 평강

---

4) (롬 1:7, 엡 1:2, 빌 1:2, 고전 1:3, 고후 1:2, 갈 1:3, 살전 1:1, 살후 1:2)

* [ἀπο ’Ιησου χριστου]

⟨예수 그리스도⟩로부터 나오는 은혜와 평강

⟨은혜와 평강⟩은 삼위 하나님으로부터 나옵니다. ⟨보좌 앞에 있는 일곱 영⟩, 즉 '성령 하나님'으로부터, ⟨예수 그리스도⟩, 즉 '성자 하나님'으로부터 나옵니다. 그리고 ⟨이제도 계시고 전에도 계셨고 장차 오실 이⟩로부터 나옵니다. 문맥상 앞서 '성자'와 '성령'님이 나왔으니 ⟨이제도 계시고 전에도 계셨고 장차 오실 이⟩는 바로 '성부' 하나님을 가리키는 것이 틀림없습니다. 그런데 문제는 **'성부 하나님'**을 나타내는 대목이 ⟨장차 오실 이⟩라고 번역된 것입니다. ⟨장차 오실 이⟩는 '성자 하나님'이 아닙니까? 때문에 이 부분은 적절한 번역이 아닙니다.

2) 지금도 오시는 하나님

그러면 ⟨이제도 계시고 전에도 계셨고 장차 오실 이⟩를 헬라어로 분석해 봅시다.

[ἀπο του   ὁ ὤν   και ὁ ἦν   και ὁ   ἐρχομενος]
~로부터   이제도 계시고   전에도 계셨고   지금 오고 계시는 이

이 단락의 헬라어는 '이제도, 전에도, 장차'와 같은 부사어 없이, [ὁ_호]라는 정관사와 동사의 {분사}형이 결합된 것으로, '~는 이'라는 구조가 접속사 [και_카이 : and]로 두 번 연결되어 있습니다.

먼저 ⟨계시고⟩[ὤν_온]은 be동사의 {분사/현재}으로, "현재 존재하고

계시는" 분입니다. 〈계셨고〉[ἦν_엔]은 be동사의 [직설법/미완료과거]로 "이전부터 쭉 계시는" 분입니다. 그리고 〈오실〉[ἐρχόμενος_에르코메노스]는 '오다'라는 동사 [ἔρχομαι_에르코마이]의 [분사/현재]로, "지금 오시는" 분이라는 뜻이 됩니다. 5)

우리말로 이 [ὁ ἐρχόμενος_호 에르코메노스]가 〈장차 오실 이〉라고 번역된 것은 영어 성경에서 부정사 〈to come〉으로 번역되었기 때문일지 모르겠습니다. 그러나 헬라어 [분사/현재]는 영어에서 현재분사인 "coming"으로 번역되어야 합니다. 그래서 글자 그대로 번역하면 "오시는 분"으로 번역해야 합니다. '반복되는 동작'으로 해석하면, "매번 오시는" 하나님, 또는 '진행'으로 "지금도 오고 계시는" 분이라고 이해할 수 있습니다. 6) 이를 한글 본문에 적용하면, 4절은 앞선 구절들에 맞추어 〈이제도 계시고 전에도 계셨고〉 "지금도 오시는 이"로 번역할 수 있겠습니다.

그러면 우리는 "지금도 오시는 하나님"이란 무슨 의미인지 생각해 봐야 합니다. 하나님은 왜, 어디로 오고 계실까요? '성부 하나님'은 왜 "오시는 하나님"이실까요? 바로 우리 하나님은 그저 '존재하기만' 하는 신이 아니라, 항상 자기 백성을 돌보시고 눈동자와 같이 지키시는 분이시기 때문입니다. 우리 하나님 아버지는 자녀의 상황을 먼저 아시고 자기 백성에게 와서 도우십니다. 선한 목자는 양이 요구하기 전에 먼저 알고 인도합니다. 하나님은 세상을 창조만 해 놓고 그냥 내버려두시는 것이 아니라, 우리를 돕기 위하여 우리에게 오십니다. 지금도 도우러 오십니다.

하나님께서는 애굽에서 고통 받는 자기 백성의 부르짖음을 들으셨습니

---

5) 헬라어의 [현재] 시제는 현재, 현재 진행, 또는 반복되는 동작을 말합니다.
6) 반면 1회적인 동작의 경우 [현재]가 아니라 [부정과거] 시제가 쓰입니다.

다. 이스라엘이 고통 중에 부르짖는 동안 하나님은 이미 모세를 준비하고 계셨습니다. 출애굽 사건은 모세가 태어난 뒤에도 80년 후에야 일어났지만, 하나님은 이미 모세를 보내서 왕궁에서 교육받으며 양육 받게 하시고 광야에서 훈련시키시며 이미 자기 백성을 돕고 계셨습니다.

대환난 기간에도 하나님은 우리에게 오셔서 함께 하시고 도우십니다. 우리를 고통 중에 내버려 두시는 분이 아니라 도우시는 분이심을 믿고 의지합니다. 이 지식을 갖추어야 그 때에도 우리에게 오시고 붙드시는 하나님을 의지하며 끝까지 인내할 수 있습니다.

4. 〈예수 그리스도〉를 알아보자.

> 계 1:5 또 충성된 증인으로 죽은 자들 가운데에서 먼저 나시고 땅의 임금들의 머리가 되신 예수 그리스도로 말미암아 은혜와 평강이 너희에게 있기를 원하노라 우리를 사랑하사 그의 피로 우리 죄에서 우리를 해방하시고

5절에서 예수 그리스도를 수식하는 ① 〈충성된 증인〉, ② 〈먼저 나시고〉, ③ 〈땅의 임금들의 머리〉와, ④ 〈말미암아〉라는 부분을 헬라어로 보고, 더 적절한 번역을 생각해 봅니다.

1) 신실한 증인

> 계 1:5 또 충성된 증인으로 죽은 자들 가운데에서 먼저 나시고 땅

의 임금들의 머리가 되신 예수 그리스도로 말미암아 은혜와 평강

이 너희에게 있기를 원하노라 우리를 사랑하사 그의 피로 우리

죄에서 우리를 해방하시고

'예수님은 〈충성된 증인〉이시다'라는 말이 특별히 잘못된 것은 아닐지 모릅니다. 그러나 이를 '계시록의 예수님'께 적용하기에는 적절하지 않습니다. '만왕의 왕'이시며 '심판주'이신 예수님께 〈충성된〉이라는 용어가 어울리지 않기 때문입니다. 또한 사실 그대로를 진실되게 말해야 하는 〈증인〉이 꼭 충성될 필요는 없습니다. 5절의 〈충성된〉이라는 단어는 [πιστος_피스토스]인데, [충성된, 신실한, 믿음 있는]이라는 뜻이 있으므로, 이곳에서는 〈충성된 증인〉보다 "신실한 증인"이라고 하는 것이 더 적확하다 하겠습니다.

2) 중요한 출생을 하신 재[ὁ πρωτοτοκος_호 프로토토코스]

계 1:5 또 충성된 증인으로 죽은 자들 가운데에서 먼저 나시고 땅

의 임금들의 머리가 되신 예수 그리스도로 말미암아 은혜와 평강

이 너희에게 있기를 원하노라 우리를 사랑하사 그의 피로 우리

죄에서 우리를 해방하시고

예수께서 〈죽은 자들 가운데에서 먼저 나시고〉라는 번역은 오해를 일으키는 경우가 생깁니다. 같은 단어가 사용된 (골 1:15)을 먼저 봅니다.

골 1:15 그는 보이지 아니하는 하나님의 형상이시요 모든 피조물보다

먼저 나신 이시니[7)]

이 말씀을 보면 예수님이 〈모든 피조물보다 먼저 나신 이〉시므로, 결국은 〈피조물〉에 불과하다고 해석할 여지가 있습니다. 성자 하나님을 그저 피조물이라 주장하는 이단도 여기에서 나옵니다. 그러나 예수 그리스도, 성자 하나님은 피조물이 아니라 태초에 함께 천지를 창조하신 하나님이십니다. 그래서 〈모든 피조물보다 먼저 나신 이〉라는 이 번역은 설명이 필요합니다.

헬라어 사전을 보면 〈먼저 나신〉이란 단어는 [πρωτοτοκος_프로토코스 : 처음 태어난, 처음 난]이라 되어 있습니다. 그래서 이 단어는 '장자'로 번역되기도 합니다.[8)]

그러나 이 단어를 분석해 보면, [πρωτος_프로토스] + [τικτω_틱토]입니다. [πρωτος_프로토스]는 [중요한, 첫째]라는 뜻이고, [τικτω_틱토]는 [낳다]라는 뜻입니다. 그런데 이 [πρωτος_프로토스]가 '시간적'으로 첫째가 아니라 '중요도'에서 으뜸이라는 점에서, [πρωτοτοκος_프로토토코스]는 '중요한 출생'을 나타내는 뜻이라 하겠습니다. 즉 [πρωτοτοκος_프로토토코스]는 **먼저** 태어나서라기보다 장자권을 가진다는, 다른 자녀와 구별되는 **중요한** 출생을 했음을 의미합니다. 그 예로 이삭의 장자 야곱이나 요셉의 장자 에브라임은 '첫째로' 태어난 아들이 아니었습니다.

한편 예수 그리스도께서 다른 이들과 구별되는 '중요한 출생'을 하신

---

7) 헬라어의 비교급은 속격(소유격)을 사용해서 나타냅니다. 그러나 속격은 탈격(분리)과 형태가 같기 때문에 (골 1:15)에서 탈격으로 해석하면 〈모든 피조물보다〉는 "모든 피조물과 분리되는" "중요한 출생을 하신 이"라고 해야 합니다.

8) (히 11:28) 믿음으로 유월절과 피 뿌리는 예식을 정하였으니 이는 **장자**를 멸하는 자로 그들을 건드리지 않게 하려 한 것이며

것은 이 땅에 인간으로 '성육신' 하셨기 때문입니다. 다시 말해 예수 그리스도가 〈먼저 나신〉 '피조물'이라는 뜻이 아니라, [πρωτοτοκος_프로토토코스]는 성자 하나님의 중요한 출생, 곧 **'성육신'** 하신 분임을 나타내는 말입니다.

때문에 위 5절에서는 〈죽은 자들 가운데서〉 "중요한 출생을 하시고"로 번역하되, 이것이 예수님의 '성육신'을 가리킨다는 지식을 갖추면 되겠습니다.

3) 땅의 임금들의 심판자

> 계 1:5 또 충성된 증인으로 죽은 자들 가운데에서 먼저 나시고 땅의 임금들의 머리가 되신 예수 그리스도로 말미암아 은혜와 평강이 너희에게 있기를 원하노라 우리를 사랑하사 그의 피로 우리 죄에서 우리를 해방하시고

이번에는 예수 그리스도께서 과연 〈땅의 임금들의 머리〉이신가를 생각해 봅시다. 계시록에서, 〈땅의 임금들〉은 '음녀와 음행하는 자들'을 가리킵니다.[9] 그러나 우리가 잘 알다시피 예수 그리스도는 〈몸인 교회의 머리〉이십니다.[10] 머리는 몸과 생명으로 연결되어 있습니다. 하지만 예수 그리스도와 땅의 임금들은 생명으로 연결된 것이 아니기에, 5절에서는 〈머리〉라고 번역해서는 안 됩니다. 〈머리〉라고 번역된 단어는 [ὁ

---

9) (계 18:3) 그 음행의 진노의 포도주로 말미암아 만국이 무너졌으며 또 **땅의 왕들**이 **그와 더불어 음행**하였으며 땅의 상인들도 그 사치의 세력으로 치부하였도다 하더라

10) (골 1:18) **그는 몸인 교회의 머리**시라 그가 근본이시요 죽은 자들 가운데서 먼저 나신 이시니 이는 친히 만물의 으뜸이 되려 하심이요

ἄρχων_호 아르콘]으로, [통치자, 왕, 재판관]이라는 뜻이 있습니다. 계시록에서는 예수께서 땅의 임금들을 심판하시므로 〈땅의 임금들의〉 "심판자"라고 번역되는 것이 좋겠습니다.

4) 〈말미암아〉

계 1:5 또 충성된 증인으로 죽은 자들 가운데에서 먼저 나시고 땅의 임금들의 머리가 되신 예수 그리스도로 말미암아 은혜와 평강이 너희에게 있기를 원하노라 우리를 사랑하사 그의 피로 우리 죄에서 우리를 해방하시고

〈말미암아〉라는 번역은 대개 헬라어 [δια+2격]을 사용하였을 때로, '~을 통하여'라는 뜻이 됩니다. 그런데 (계 1:5)에서는 [δια_디아 : through]가 아니라 기원을 나타내는 [ἀπο_아포 : from]가 세 번 쓰여 〈은혜와 평강〉의 기원을 드러냅니다. 즉, 삼위 하나님은 〈은혜와 평강〉의 '기원'이시지 '통로'가 아닙니다. 또한 이와 동일한 구조가 바울서신의 인사마다 나오는데, 모든 성경이 〈~로부터〉라고 번역되었습니다. 11)

엡 1:2 하나님 우리 아버지와 주 예수 그리스도로부터 은혜와 평강이 너희에게 있을지어다

그러므로 본문에서 5절의 [ἀπο_아포]도 "로부터"라고 번역하는 것이 일관성 있는 번역이 되겠습니다.

---

11) (롬 1:7, 엡 1:2, 빌 1:2, 고전 1:3, 고후 1:2, 갈 1:3, 살전 1:1, 살후 1:2)

5. 우리를 왕으로 삼으심

> 계 1:6 그의 아버지 하나님을 위하여 우리를 나라(왕들)와 제사장
> 으로 삼으신 그에게 영광과 능력이 세세토록 있기를 원하노라 아
> 멘

헬라어 성경은 여러 사본이 있으나 우리가 일반적으로 구하기 쉬운 사본은 「알랜드 사본」과 「스테판 사본」입니다. 영어 성경 NIV는 「알랜드 사본」을 원본으로 하였고, KJV는 「스테판 사본」을 원본으로 합니다. 6절은 「알랜드 사본」에 〈나라〉가 [βασιλειαν_바실레이안]으로 되어 있습니다. 반면 「스테판 사본」은 〈나라〉가 아니라 "왕들"[βασιλεις_바실레이스]로 되어 있습니다. [12] 그러면 둘 중에 어느 것이 더 적절한지 생각해 봅니다.

1) 우리 – 수 일치

주님께서 〈우리〉를 〈나라〉와 〈제사장〉으로 세우셨다고 할 때, 〈우리〉와 〈제사장〉이 [복수]이므로 〈나라〉도 [복수]라야 짝이 맞습니다. 그런데 6절의 〈나라〉는 [단수]로 쓰였기에, 〈나라〉보다는 [βασιλεις_바실레이스], 즉 "왕들"이 문법적으로 짝이 맞습니다.

---

12) 6절의 〈나라〉 - [βασιλειαν_바실레이안]은 [βασιλεια_바실레이아]의 목적격입니다.

2) 우리 – 인격을 가진 주체

〈우리〉를 〈나라〉와 〈제사장〉으로 삼으셨다 할 때, 〈우리〉와 〈제사장〉은 '사람'입니다. 그러나 〈나라〉는 사람, 즉 인격을 갖춘 주체가 아닙니다. 이 점에서 〈나라〉보다 [βασιλεις_바실레이스] "왕"이 더 적절하다 하겠습니다. [13)]

3) 하나님께

> 계 1:6 그의 아버지 하나님을 위하여 우리를 나라(왕들)와 제사장
> 으로 삼으신 그에게 영광과 능력이 세세토록 있기를 원하노라 아
> 멘

하나님께서 우리를 왕과 제사장으로 삼으신 것은 〈하나님을 위하여〉가 아닙니다. [τω θεω_토 데오]는 (여격)입니다. 하나님을 '위해서' 왕과 제사장의 일을 하게 하신다는 것이 아니라, 바로 "하나님께", "하나님 앞에" 왕과 제사장으로 삼으셨다는 것입니다.

같은 표현이 쓰인 로마서 말씀을 봅니다.

> 롬 6:10 그가 죽으심은 죄에 대하여 단번에 죽으심이요 그가 살아 계심
> 은 하나님께 대하여 살아 계심이니

여기서도 같은 단어 [τω θεω_토 데오]가 〈하나님께 대하여〉라고 번역

---

13) 다만 한글 번역시 단수로 일치시킨다면 "왕과 제사장"으로, 혹은 복수로 일치시킨다면 "왕들과 제사장"으로 하는 것이 좋을듯합니다.

된 것을 볼 수 있습니다. 그리스도께서 '하나님께 대하여' 살아 계심과 같이, 주께서 우리를 '하나님께 대하여' "왕과 제사장"으로 삼으셨습니다.

4) 왕으로 세우신 목적

우리를 왕과 제사장으로 삼으신 것은, 기름 부음을 받은 자, 그리스도와 같은 권세를 주셨다는 것입니다. 자신의 죄를 회개하며 용서를 구하고, 자신의 예배를 스스로 준비하는 〈제사장〉과 같은 권세가 우리에게 있으니, 그럼 "왕"으로 세우셨다는 말은 무슨 의미인지 생각하여 봅시다.

'손님은 왕이다'라는 말처럼, 우리는 "왕"이라는 말을 들으면 '백성을 거느리며 대접받는다' 정도로 생각합니다. 그러나 믿는 사람이 모두 왕이면 누가 백성이 되겠습니까? "왕"이란 '다른 사람을 부리는 것'을 의미하지 않습니다. "왕"은 어떤 갑질이 아니라 '모든 것을 스스로 판단하고 결정하며 스스로 책임진다'는 의미입니다. 왕이 다른 사람의 의견을 듣고 참고할 수 있습니다. 그러나 모든 결정권은 왕에게 있습니다. 하지만 왕에게 종속된 신민은 다릅니다. 신민의 생명과 자유는 언제든지 왕에 의해 좌지우지 됩니다. 오늘날은 법 아래서 모든 사람이 개인의 자유와 권리와 의무를 행사하지만, 당시에는 모두 왕에게 종속된 노예이자 신민이었습니다. 오늘날 우리가 누리는 개인의 자유는 오로지 통치자인 '왕'만이 누릴 수 있는 특권이었던 것입니다.

즉 '왕'이란 모든 것을 스스로 판단하고 결정한다는 것이고, 이것은 그리스도 안에 있는 자에게 '참 자유'가 있다는 의미입니다. 믿음으로 참 자유를 얻은 우리는 더 이상 죄의 종이 아니라 왕이 누리는 자유와 책임을 지닙니다. 모든 것을 스스로 판단하고 결정하여 행하기 때문에 그 책임도 스스로 집니다. 그래서 믿음으로 구원 얻은 우리에게는 〈행한 대로 갚아〉 주겠다고 하셨습니다.[14] 따라서 왕과 제사장 된 우리는 행한 대로 심판이 있음을 기억하고 겸비해야 합니다.

6. 두 번째 아멘

우리는 하나님께서 말씀을 그대로 이루실 것을 믿으며 '아멘'이라 화답합니다. 계시록 1장에도 '아멘'이 두 번 나오는데, 6절과 7절 끝에 있습니다. 6절에서는 '은혜와 평강의 기원이신 삼위 하나님께 영광과 능력이 있기를'에 〈아멘〉입니다. 그러나 7절은 '땅에서 애곡할 자들이 있음'에, 〈아멘〉이라 하였습니다. 말씀을 봅니다.

> 계 1:7 볼지어다 그가 구름을 타고 오시리라 각 사람의 눈이 그를 보겠고 그를 찌른 자들도 볼 것이요 땅에 있는 모든 족속이 그로 말미암아 애곡하리니 그러하리라 아멘

이 〈애곡〉할 사람들은 재림하시는 주님을 '보는' 사람들입니다. 또한 주님을 '찌른' 자들입니다. 그리고 '땅에 있는' 모든 족속이 애곡합니다. 이를 같이 살펴보겠습니다.

---

14) (계 22:12) 보라 내가 속히 오리니 내가 줄 **상**이 내게 있어 각 사람에게 **그가 행한 대로 갚아 주리라**

1) 재림하시는 주님을 땅에서 보는 자들

혹시 다시 오시는 예수님을 상상해 보거나, 그러한 그림을 본 적 있으십니까? 그것을 보는 눈은 얼마나 영광스러울까요? 그러나 만일 여러분이 구름 타고 오시는 예수님을 쳐다본다면 애곡해야 할 수밖에 없습니다. 7절에서는 그리스도께서 〈구름을 타고 오시〉는 모습을 〈눈〉으로 보는 사람들은 〈애곡하리〉라 했습니다. 이들은 누구이기에, 왕으로 오시는 주님 때문에 애곡하는지 생각해 봅니다.

> 살전 4:16 주께서 호령과 천사장의 소리와 하나님의 나팔 소리로 친히 하늘로부터 강림하시리니 그리스도 안에서 죽은 자들이 먼저 일어나고 살전 4:17 그 후에 우리 살아 남은 자들도 그들과 함께 구름 속으로 끌어 올려 공중에서 주를 영접하게 하시리니 그리하여 우리가 항상 주와 함께 있으리라

예수께서 언제 다시 오십니까? 마지막 나팔 때입니다. 마지막 나팔에는 먼저 성도들이 〈구름 속으로 끌어 올려 공중에서〉 주님을 맞이하고, 항상 주와 함께 합니다. 즉 휴거한 성도는 공중에서 주님을 맞이한 뒤 주와 함께 '내려오는' 것이지, 재림하시는 주님을 땅에서 멍하니 '쳐다보는' 것이 아닙니다. 다시 말해, 구름 타고 오시는 주님을 땅에서 쳐다만 보는 사람은 바로 '휴거하지 못한 자들'입니다. 그래서 그들은 〈애곡〉하는 것입니다. 반면 그날에 공중에서 영화롭게 주님을 영접한 성도들은 주님과 함께 내려와 땅을 심판하고, 천년 동안 왕 노릇하며 세세토록 함께 있습니다.

노아 홍수 때를 생각해 봅시다. 방주 문이 닫히고, 비가 옵니다. 이제 비 오는 것을 보는 사람들은 누구입니까? 배 밖에 있는, 즉 '방주를 타지 않은 자들'입니다. 노아의 여덟 식구는 방주 안에 있으므로 비 오는 소리는 들었겠지만 보지는 못했습니다. 비가 오리라고 노아가 그토록 전해도 믿지 않았던 사람들은, 방주 문이 굳게 닫힌 후 비가 오는 것을 보고 그제야 땅을 치며 통곡했을 것입니다. 말씀대로 구름 타고 오시는 예수님을 '보는' 사람들은 그와 같이 〈애곡〉할 것입니다. 아멘.

2) 그를 찌른 자들

> 계 1:7 볼지어다 그가 구름을 타고 오시리라 각 사람의 눈이 그를 보겠고 그를 찌른 자들도 볼 것이요 땅에 있는 모든 족속이 그로 말미암아 애곡하리니 그러하리라 아멘

예수님은 다메섹 도상의 사울에게 "나는 네가 박해하는 예수라"고 하셨습니다.[15] 그러나 사울은 예수님을 직접 박해한 적이 없습니다. 그는 예수님을 믿는 성도를 박해했습니다.

7절의 〈그를 찌른 자〉 역시 십자가상의 예수님을 찔러 물과 피를 낸 로마 군병을 말하는 것이 아닙니다. 예수님은 믿는 자들과 늘 함께하시기 때문에, 성도를 박해하는 사람이 곧 예수님을 박해하는 것이고, 〈그를 찌른 자〉 역시 '성도를 박해하는 이'를 뜻합니다.

그런데 '성도를 박해하는 이'가 누구인지도 알아야 합니다. 물론 불신

---

15) (행 9:4) 땅에 엎드려져 들으매 소리가 있어 이르시되 사울아 사울아 네가 어찌하여 나를 박해하느냐 하시거늘
(행 9:5) 대답하되 주여 누구시니이까 이르시되 나는 네가 박해하는 예수라

자도 박해합니다. 허나 기독교인을 박해하던 사울은 열심 있는 '유대인'이었습니다. 이삭을 괴롭히던 이는 '할례 받은 형제' 이스마엘이었고, 다윗을 죽이려던 자는 '이스라엘의 왕' 사울이었습니다. 환난 때에 성도를 박해하는 자들은 불신자는 말할 것도 없지만, '예수 믿는다 하는 사람들'이 주를 열심으로 섬긴다면서 성도를 박해할 것입니다. 이러한 자들이 예수님을 〈찌른 자〉이며, 주님이 다시 오실 때 〈애곡〉하게 될 것입니다. 아멘.

3) 땅에 있는 모든 족속

〈땅에 있는 모든 족속〉의 해당 헬라어를 보면서 생각해 봅니다. [πασαι αἱ φυλαι της γης_파사이 하이 퓔라이 테스 게스]에서 [της γης_테스 게스]는, 정관사 [της_테스]와 〈땅〉이란 단어 [γη_게]의 {속격(소유격)}으로 되어 있습니다. 먼저 이와 동일한 구조의 (고전 15:23)을 잠시 보겠습니다.

> 고전 15:23 그러나 각각 자기 차례대로 되리니 먼저는 첫 열매인 그리스도요 다음에는 그가 강림하실 때에 그리스도에게 속한 자요

여기 〈그리스도에게 속한 자〉라는 헬라어는 [oi χριστου_호이 크리스투]인데, '그리스도'라는 단어 [χριστος_크리스토스]의 {속격(소유격)} [χριστου_크리스투]에 정관사 [oi_호이 : the]가 쓰여 〈그리스도에게 속한 자〉라고 번역되었습니다. (계 1:7)의 〈땅에 있는〉[της γης_테스 게스] 역시, 정관사와 {속격}의 구조로, "땅에 속한 자"라는 뜻입니다. 그래서 [πασαι αἱ φυλαι της γης_파사이 하이 퓔라이 테스 게스]는 "땅에 속

한" 〈모든 족속〉이 되는 것입니다. 그저 땅에 '있는'이 아니라, "땅에 속하여" 살아가는 이들을 말합니다. 그런데 여기 (고전 15:23)을 보면 "땅에 속한" 사람들은 〈그리스도께 속한〉 사람들의 여집합이기도 합니다. 중간은 없습니다. 그리스도의 몸이 아닌, 그리스도께 속하지 않은 자들이 "땅에 속한 자"이며, 이들은 휴거하지 못하고 애곡합니다.

예수 믿는 우리는 땅을 밟고 살지만 하늘에 소망을 두고 나그네로 살아갑니다. 그러나 교회를 다니면서도 모든 생각이 육신적인 모습으로 살아가는 자는 "땅에 속한" 사람입니다. 마지막 나팔 소리에 거룩한 성도는 공중에서 주님을 영접하지만, 교회를 다닐 뿐 "땅에 속하여" 살아간 자들은 구름 타고 오시는 주님을 땅에서 바라보고는 〈애곡〉하게 될 것입니다. 아멘

마지막 때에는 대환난이 있습니다. 땅의 모든 사람들이 대환난을 겪게 될 것입니다. 그러나 믿음을 지키는 성도는 이를 거치면서 도리어 믿음이 성장하고 성화되어갈 것입니다. 그 환난 중에서도 삼위 하나님의 〈은혜와 평강〉이 있을 것입니다. 아멘. 그러나 믿는다면서도 환난 가운데 예수님께 속하지 않은 사람들은 다시 오시는 주님을 땅에서 보고 〈애곡〉할 것입니다. 아멘.

7. 주의 날에

계 1:9 나 요한은 너희 형제요 예수의 환난과 나라와 참음에 동참하는 자라 하나님의 말씀과 예수를 증언하였음으로 말미암아 밧

모라 하는 섬에 있었더니

계 1:10 주의 날에 내가 성령에 감동되어 내 뒤에서 나는 나팔 소
리 같은 큰 음성을 들으니

　많은 분들이 이 말씀을 보며 〈성령에 감동되〉면 무엇이든지 감당할 수
있고 이길 수 있다 하여 '성령에 감동되기'를 기도합니다. 이 '감동되다'는
수동적인 의미로 우리도 보통 성령에 충만하고 '감동되도록' 해주시기를
간구합니다. 사도 요한도 성령에 감동되었다고 하지 않았습니까? 그런
데, 어찌된 일인지 이 말씀을 헬라어로 보면 〈감동〉이라는 말 자체가 없
습니다. 이 부분을 헬라어로 보겠습니다.

[ἐγενομην　ἐν πνευματι　ἐν τῃ κυριακῃ ἡμερα]
　　있었다　　　성령 안에　　　　주의 날에

　한글 성경은 [ἐγενομην_에게노멘 : 있었다]이라는 동사를 〈감동하여〉
라고 번역한 것입니다. 이 단어는 [γινομαι_기노마이 : 발생하다]의 [직설
법/부정과거/디포동사/1인칭/단수]입니다. [디포동사]란 수동의 의미를
버리고 능동의 의미만 가지는 것으로, 이 동사는 능동태인 것이지요. 그
리고 그 뜻은 성령에 감동되었다는 것이 아니라 내가 〈주의 날에〉 "성령
안에 (능동적으로) 있었다"는 것입니다.

　〈주의 날에〉 사도 요한은 무엇을 했습니까? 사도 요한은 주의 날을 기
억하고 지켰습니다. 홀로 유배된 밧모섬에는 아무도 없었습니다. 매일
같은 파도가 치고 같은 바람이 불지만, 사도 요한은 〈주의 날〉을 기억하
고 오늘은 주의 날이니 거룩하게 지키고자 자신을 준비하였습니다. 이렇

게 스스로를 준비할 때에 사도 요한은 성령 하나님의 도우심을 의지하였을 것입니다. 성령님의 도우심을 의지하고 스스로 "성령 안에 있었다"는 것입니다.

가만히 있으면서 성령 충만을 바라지 말고, 성령님의 도우심을 의탁하며 주의 말씀따라 순종하고 예배할 때 "성령 안에" 충만히 거할 수 있음을 기억해야 하겠습니다.

요한계시록 2장

아시아 일곱 교회 1

계시록 2장과 3장에는 소아시아 일곱 교회가 나옵니다. 에베소, 서머나, 버가모, 두아디라, 사데, 빌라델비아, 라오디게아 교회입니다. 모든 영어 문장이 5형식에 맞추어지듯이, 이 일곱 교회는 오늘날에도 모든 교회와 모든 성도의 신앙의 표본이 됩니다. 우리는 이 일곱 교회의 장점을 보고 본받고, 단점을 보고 고치도록 하면 되겠습니다.

1. 에베소 교회 - 그 중요한 사랑을 포기한 교회

계 2:2 내가 네 행위와 수고와 네 인내를 알고 또 악한 자들을 용납하지 아니한 것과 자칭 사도라 하되 아닌 자들을 시험하여 그의 거짓된 것을 네가 드러낸 것과

계 2:3 또 네가 참고 내 이름을 위하여 견디고 게으르지 아니한 것을 아노라

에베소 교회는 훌륭한 인내의 교회였지만 〈처음 사랑을〉 버려서 주님께 책망을 들었습니다. 사실 에베소 교회가 사랑을 포기한 이유가 있었습니다. 〈자칭 사도〉라고 하되 아닌 자들 때문에 성도들이 많은 상처를

입었던 것입니다. 이 〈자칭 사도〉는 (복수)로, 한 사람이 아니라 가짜 목회자를 여럿 거쳤고, 에베소 교회는 목회자를 믿지 못하는 상태가 되었습니다. 교회를 사랑하여 섬기다가 속은 것을 알고 지쳐버렸습니다. 그래서 믿음은 유지하되 사랑은 하지 않겠다고 다짐한 것입니다. 그러나 주님께서는 에베소 교회의 이러한 상황을 잘 아시면서도 이해한다 하지 않으시고 사랑을 포기한 것을 호되게 책망하십니다. 속은 결과도 자신이 책임져야 한다는 것입니다. 말세에는 거짓 선지자가 많이 나온다[16]는 것을 기억하고 잘 분별하여 속지 않도록 주의해야 합니다. 성경 지식을 갖추고 더욱 분별해야 합니다.

1) 〈처음 사랑〉

계 2:4 그러나 너를 책망할 것이 있나니 너의 처음 사랑을 버렸느니라

많은 이들이 4절 말씀을 보면서 에베소 교회가 '첫사랑'을 잃었다고 말합니다. 그리고 첫사랑을 떠올리며 첫사랑의 설렘과 짜릿한 감정을 강조합니다. 그런데 '사랑'이 '감정'이라는 이러한 인식은 우리의 신앙을 둔화시키곤 합니다. 가정생활에서 부부가 연애시절의 뜨거웠던 감정이 좀 식는다 하여도 가정을 유지하는 데에는 큰 문제가 없습니다. 그래서 주님에 대한 첫사랑이 식어도 교회만 열심히 다니면 신앙생활에 문제가 되지 않는다고 생각하곤 합니다. 또한 주님을 사랑하는 것이 연애의 감정과 같이 첫사랑의 시절에만 아름다운 것으로 여기기 쉽습니다. 이 책을 읽

---

16) (요일 4:1) 사랑하는 자들아 영을 다 믿지 말고 오직 영들이 하나님께 속하였나 분별하라 **많은 거짓 선지자가 세상에 나왔음이라**

는 많은 분들도 아마도 첫사랑의 뜨거움을 회복하자는 말을 많이 들어 보셨을 것입니다. 그러나 이는 주님께서 왜 에베소 교회를 그토록 강하게 책망하셨는지를 오해한 것입니다. 4절의 〈처음 사랑〉이라는 번역이 오해를 낳게 되었습니다.

〈처음 사랑〉이라는 [τὴν ἀγάπην τὴν πρώτην_텐 아가펜 텐 프로텐]에서, 〈처음〉은 [πρῶτος_프로토스]입니다. 그 뜻은 [첫째, 주요한]인데, 많은 사람들이 이것을 '시간적으로' 〈처음〉인 사랑으로 이해하고 '첫사랑'이라 생각합니다. 그것이 꼭 틀린 것은 아니지만 우리는 "중요도에 있어서 첫째 가는" 사랑이라고 이해해 봅시다. 또 앞에 정관사가 있으므로 **"그 중요한 사랑"**이라 하겠습니다.

이것이 얼마나 중대한 사랑이냐고 물으신다면, 5절 끝에 그 사랑을 버리면 '촛대를 옮길 만큼' 중요하다 하겠습니다. 촛대는 교회인데, 촛대를 옮겨버리면 그곳은 더 이상 교회가 아니지 않습니까? '사랑'은 그만큼 중요한 것입니다. 그러므로 본문에서는 〈처음 사랑〉이 아니라 "그 중요한 사랑"이라고 번역해야 합니다.

2) 그 중요한 사랑을 〈버렸느니라〉

계 2:4 그러나 너를 책망할 것이 있나니 너의 처음 사랑을 버렸느니라

4절 끝의 사랑을 〈버렸느니라〉라는 동사는 [ἀφῆκας_아페카스]로, [ἀφίημι_아피에미]의 [직설법/제2부정과거/능동태/2인칭/단수]로 쓰였습니다. 이 동사는 [버리다, 무시하다, 포기하다, 더 이상 지키지 않다]라

는 의미입니다. 능동태로 쓰였으니 사랑을 "스스로 포기한" 것이라 하겠습니다. 몇 차례 거짓 사도에게 속다 보니 에베소 교회가 이제는 믿음은 지키되 〈사랑〉은 하지 않겠다고 작심을 했다는 것입니다.

그러나 이 〈사랑〉은 그저 마음이나 감정이 아닙니다. 결혼생활을 오래 하면서 첫사랑의 감정이 옅어져가듯, 신앙생활을 오래 하다 보니 자연스레(?) 신앙이 식어지는 것을 말하는 것이 아닙니다. 본문은 능동태로 에베소 교회는 "그 중요한 사랑을 스스로 포기하였다"는 뜻입니다. 교회가 〈사랑〉을 "포기"하였기 때문에 주님께 책망을 들었습니다. 이를 해결할 방법은 무엇일까요?

3) 〈처음 행위를 가지라〉

> 계 2:5 그러므로 어디서 떨어졌는지를 생각하고 회개하여 처음
> 행위를 가지라 만일 그리하지 아니하고 회개하지 아니하면 내가
> 네게 가서 네 촛대를 그 자리에서 옮기리라

한글 성경은 [τα πρωτα ἐργα ποιησον_타 프로타 에르가 포이에손]을 〈처음 행위를 가지라〉고 했는데, 이 〈가지라〉라는 동사 [ποιησον_포이에손]은 영어의 have가 아니라 do에 가까운, [ποιεω_포이에오]의 [명령/부정과거/능동태/2인칭/단수]입니다. 이 동사는 [행하다, 만들다, 일하다] 등의 뜻이 있습니다. 즉 〈가지라〉 또는 '믿으라'가 아니라 "행하라"는 것입니다. 여기서도 〈행위〉 앞에 정관사가 있으므로, "그 중요한 행위를 즉시 하라"라는 명령입니다. 한국 교회는 믿음만 강조하다 보니 행위를 등한시하는 경향이 있는데, 계시록은 믿는 자에게 "행하라"고 명령합

니다.

그렇다면 "그 중요한 행위"를 행한다는 것은 무슨 의미일까요?

4) 그 중에 사랑이 제일인 이유

> 고전9:24 운동장에서 달음질하는 자들이 다 달릴지라도 오직 상을 받는 사람은 한 사람인 줄을 너희가 알지 못하느냐 너희도 상을 받도록 이와 같이 달음질하라

우리에게 잘 알려진 이 말씀은 우리의 신앙생활을 운동장에서 달음질하는 경주에 비유합니다. 이 경기장에서는 누구나 달릴 수 있지만, 아무나 달리는 것은 아니지요. 바로 '**선수로 등록**'된 사람이 경기장에 나오게 됩니다. 그리고 각 선수는 영예로운 '**상**'을 바라보며 결승골을 향해 최선을 다해서 '**달립니다**'. 그러면 혹시 이 경주에 믿음, 소망, 사랑이 녹아들어 있음을, 눈치 채셨습니까?

시간적으로 **선수 등록**은 '과거'요, 결승점에서 **상** 받는 것은 '미래'입니다. 그러면 '현재'는 운동장에서 결승점을 향해 **달리는 것**이 됩니다. 이제 이를 믿음, 소망, 사랑에 대입해 봅시다. **믿음**(믿은 시점)은 '과거'의 일입니다. 우리가 십자가 대속의 예수님을 영접한 출발점은 과거입니다. 또한 우리는 장차 천국에서 주님을 만나고 상 받을 '미래'를 **소망**합니다. 그러면 **사랑**은 무엇입니까? 하나님을 사랑하고 이웃을 사랑하여 섬기는, 바

로 '현재'의 일입니다. 사도 바울은 이러한 우리의 삶을 달리기 경주에 빗대어 상 받도록 달음질하라고 가르쳤습니다.

그런데, 경기장에서 주자는 달리다가 지쳐 속력이 떨어지더라도 계속 달려야 합니다. 왜냐하면 경기장에서 '달리지 않는 사람'은 '선수'로서 인정받지 못하기 때문입니다. 중간에 '달리지 않는 사람'은 주자가 아니라 장애물입니다. 보는 사람마다 비키라고 말할 것입니다. 아마 달리지 않는 사람은 운동장 밖으로 나가달라고 안내방송이 나올지도 모릅니다. 그런데 '달리지 않는 사람'은 곧 '상'도 포기한 것을 의미합니다. 힘이 든다고 중도에 포기하면 결승점의 영광도 없습니다. 즉 경기를 포기하고 지금 '달리지 않는 사람'은 '선수 자격'과 '상'을 포기한 것으로 여겨지듯이, 현재의 달음질, 곧 "사랑의 행위"를 포기한 사람은 과거의 '믿음'도 인정받지 못하고, 미래의 '소망' 즉 천국 상급도 바랄 수 없게 됩니다. 사랑을 행할 때에 우리의 믿음도 인정받고 소망도 인정받는 것입니다.

> 고전13:13 그런즉 믿음, 소망, 사랑, 이 세 가지는 항상 있을 것인데 그 중에 제일은 사랑이라

그래서 〈사랑〉, 즉 "사랑의 행위"가 그토록 중요한 것입니다. 그래서 주님께서는 에베소 교회의 사자에게 "그 중요한 사랑"을 스스로 포기한 것을 책망하시고, 촛대를 옮기신다시며 "그 중요한 행위"를 즉시 하라고 강권하신 것입니다. 〈사랑〉은 어떤 감정이나 마음 상태가 아니라 "행함"입니다. 하나님의 말씀대로 하나님을 사랑하고 형제를 사랑하고 섬길 때에 그의 믿음과 소망이 인정됩니다. 사랑과 봉사의 행위를 보면 믿음의

깊이를 알 수 있습니다. 사랑의 행위가 어떠하냐에 따라서 천국에서 받을 상과 영광도 달라질 것입니다.

5) 네 촛대를 그 자리에서 옮기리라

> 계 2:5 그러므로 어디서 떨어졌는지를 생각하고 회개하여 처음 행위를 가지라 만일 그리하지 아니하고 회개하지 아니하면 내가 네게 가서 네 촛대를 그 자리에서 옮기리라[κινησω την λυχνιαν σου]

한국 교회는 '한 번 구원은 영원하다'는 생각 때문에 이 구절 자체를 설명하지 않고 그냥 넘어가곤 합니다. 그러나 위 말씀에 분명히 〈회개하지 아니하면〉 주께서 직접 그 〈촛대를 그 자리에서 옮기〉시겠다 하셨습니다. 〈촛대〉는 교회[17]를 의미합니다. 또한 교회는 〈그리스도의 몸〉[18]입니다. 그런데 예수님께서 〈촛대〉를 옮겨 버리시면 이제 그 곳은 더 이상 〈교회〉도, 〈그리스도의 몸〉도 아닙니다. 한 번 구원은 무조건, 영원하다는 말은 틀린 말입니다.

우리의 교회가 수고하고 인내하는 중에, 거짓 사도에게 속아 실망하고 상처 받을 수 있습니다. 그래서 잠시 "그 중요한 사랑의 행위"를 포기하였다면, 하나님 앞에 회개하고 힘써 사랑을 행해야 할 것입니다. 회개함으로 이기면 〈촛대〉가 옮겨지지 않을 뿐 아니라, 〈하나님의 낙원에 있는 생명나무의 열매〉[19]를 먹는 상급이 있습니다.

---

17) (계 1:20) 네가 본 것은 내 오른손의 일곱 별의 비밀과 또 일곱 금 촛대라 일곱 별은 일곱 교회의 사자요 **일곱 촛대는 일곱 교회니라**
18) (엡 1:23) **교회는 그의 몸이니** 만물 안에서 만물을 충만하게 하시는 이의 충만함이니라
19) (계2:7) 귀 있는 자는 성령이 교회들에게 하시는 말씀을 들을지어다 이기는 그에게는 내가 하나님의 낙원에 있는 **생명나무의 열매**를 주어 먹게 하리라

그러나 이것도 생각해 봅니다. 소아시아 일곱 교회 중 책망받은 다섯 교회가 동일하게 받은 말씀은 〈회개하라〉는 것이었습니다. 교회가 회개하지 않으면! 모두가 같은 주님을 대적하는 결과가 됩니다. 대환난 기간은 마지막 때입니다. 속히 회개하고 돌이키지 않으면 더 이상 기회가 없습니다. '촛대를 옮긴다'는 말씀이나, '둘째 사망의 해를 받는다'[20]는 말씀이나, '내 입의 검으로 그들과 싸우리라'[21]는 말씀, '철장으로 다스려 깨뜨린다'[22]는 말씀이나, '주님을 도둑 같이 만난다'[23]는 말씀, '생명책에서 지운다'[24]는 말씀, 또 '내 입에서 너를 토하여 버리리라'[25]는 말씀은, 모두 같은 것을 의미합니다. 교회가 주님의 책망을 듣고도 회개하지 않으면 〈이기는 자〉가 얻는 상을 보장받지 못함을 분명히 인식해야 하겠습니다.

2. 서머나 교회 - 믿음 지킨 교회에도 고난은 또 있다

계 2:9 내가 네 환난과 궁핍을 알거니와 실상은 네가 부요한 자니라 자칭 유대인이라 하는 자들의 비방도 알거니와 실상은 유대인

---

20) (계 2:11) 귀 있는 자는 성령이 교회들에게 하시는 말씀을 들을지어다 이기는 자는 **둘째 사망의 해**를 받지 아니하리라

21) (계 2:16) 그러므로 회개하라 그리하지 아니하면 내가 네게 속히 가서 **내 입의 검으로 그들과 싸우리라**

22) (계 2:27) 그가 **철장을 가지고** 그들을 **다스려 질그릇 깨뜨리는 것과 같이 하리라** 나도 내 아버지께 받은 것이 그러하니라

23) (계 3:3) 그러므로 네가 어떻게 받았으며 어떻게 들었는지 생각하고 지켜 회개하라 만일 일깨지 아니하면 **내가 도둑 같이 이르리니** 어느 때에 네게 이를는지 네가 알지 못하리라

24) (계 3:5) 이기는 자는 이와 같이 흰 옷을 입을 것이요 내가 그 **이름을 생명책에서 결코 지우지** 아니하고 그 이름을 내 아버지 앞과 그의 천사들 앞에서 시인하리라

25) (계 3:16) 네가 이같이 미지근하여 뜨겁지도 아니하고 차지도 아니하니 **내 입에서 너를 토하여 버리리라**

이 아니요 사탄의 회당이라

계 2:10 너는 장차 받을 고난을 두려워하지 말라 볼지어다 마귀
가 장차 너희 가운데에서 몇 사람을 옥에 던져 시험을 받게 하리
니 너희가 십 일 동안 환난을 받으리라 네가 죽도록 충성하라 그
리하면 내가 생명의 관을 네게 주리라

서머나 교회는 주님께 책망 없이 칭찬만 받은 교회입니다. 믿음을 잘 지
킨 부요하고 훌륭한 교회였습니다. 그런데 사람들은 흔히 믿음을 잘 지
키면 고난이 없는 것으로 생각합니다. 그러나 성경은 그렇게 말씀하지
않습니다. 〈자칭 유대인〉, 곧 그리스도인이라 주장하나 실상은 사탄의
모임인 자들이 이 서머나 교회를 비방했습니다. 그럼에도 주님은 이 서머
나 교회에 또 〈장차 받을 고난〉이 있다고 하셨습니다. 허나 걱정할 것이
없습니다. 〈처음이며 마지막이요 죽었다가 살아나신〉 예수께서 〈두려워
하지 말〉고 〈죽도록 충성하라〉고 하셨기 때문입니다. 환난과 궁핍 가운
데 이제까지 잘 지켜온 성도는 끝까지 잘 지킬 수 있음도 믿고 담대해야
합니다. 이제 있는 고난은 잠시 받는 고난이고, 생명의 면류관을 확증하
기 위한 것임을 알고 기뻐해야 할 것입니다.

아브라함은 부르심을 받고 약 40년간 믿음을 잘 지켜 순종하였는데,
마지막으로 하나님은 아브라함에게 아들 이삭을 바치라고 하셨습니다.
그리고 믿음으로 이삭을 바친 후에는 아브라함에게 더 이상 시험도 없었
지만 그의 기록도 끝이 납니다. 주님의 마지막 시험은 우리의 믿음을 인정
하시고 상을 확정하기 위한 연단인 줄로 알고, 감사하며 감당해야 하겠
습니다. 이기는 자는 〈둘째 사망의 해〉가 아니라 생명의 면류관을 약속
받았습니다.

3. 버가모 교회 - 성경이 아닌 다른 교훈을 배우는 교회

1) 나의 그 믿음

> 계 2:13 네가 어디에 사는지를 내가 아노니 거기는 사탄의 권좌가
> 있는 데라 네가 내 이름을 굳게 잡아서 내 충성된 증인 안디바가
> 너희 가운데 곧 사탄이 사는 곳에서 죽임을 당할 때에도 나를 믿
> 는 믿음을 저버리지 아니하였도다

버가모 교회는 박해 속에서 믿음을 버리지 않고 순교의 터를 지킨 교회
입니다. 순교의 피가 흐를 때에도 〈나를 믿는 믿음〉을 저버리지 않았습니
다. 그런데 우리말로 〈나를 믿는 믿음〉은, 버가모 교회가 어려움 가운데
서 '예수님을 믿는 믿음'을 지키고 있었다고 이해됩니다. 그러나 헬라어로
[την πιστιν μου_텐 피스틴 무]는 직역하면 "나의 그 믿음"으로, '**우리
가 예수님을 믿는 믿음**'이 아니라, [속격]으로 "**예수님의 그 믿음**", 또는
[탈격]으로 "**예수님이 주신 믿음**"을 의미합니다.[26] 즉 13절에서 버가모
교회가 저버리지 않은 것은, '성도들이 주를 믿는 믿음'이 아니라 "예수님
이 주신 그 믿음"인 것입니다. 사실 이단들도 '예수님을 믿는다'고 하지만
예수님께로부터 나오지 않은 잘못된 지식을 가지고 믿습니다. 그러나 성
도는 "예수님의", "주께서 주신 그 믿음"을 바르게 간직해야 합니다. 이 믿
음이 변질되면 안 됩니다.

　우리가 예수님을 믿는다고 하면 무엇을 믿는 것입니까? 너무 잘 알 것
같지만 교회를 오래 다닌 사람도 의외로 이 질문에 대한 정확히 답하는

---

26) 헬라어의 [속격(소유격)]과 [탈격(분리)]은 형태가 같습니다.

사람이 많지 않습니다. 바로, '예수 그리스도는 천지를 창조하신 하나님이시고, 성육신하셔서 사람으로 이 땅에 오셨으며, 나의 죄를 위하여 대신 십자가에서 죽으셨다, 또한 말씀대로 부활하셨고 승천하셨으며 다시 오신다' 라는, 사실은 우리가 매주 사도신경으로 고백하는 내용입니다. 이 지식이 잘못되면 이단이 됩니다. "예수님의 그 믿음"에 대한 지식도 정확해야 합니다.

2) 발람의 교훈과 니골라 당의 교훈

> 계 2:14 그러나 네게 두어 가지 책망할 것이 있나니 거기 네게 발람의 교훈을 지키는 자들이 있도다 발람이 발락을 가르쳐 이스라엘 자손 앞에 걸림돌을 놓아 우상의 제물을 먹게 하였고 또 행음하게 하였느니라
> 계 2:15 이와 같이 네게도 니골라 당의 교훈을 지키는 자들이 있도다

버가모 교회의 성도들은 교회에 와서 하나님의 말씀을 배우는 것 같지만 실제로는 〈발람의 교훈〉과 〈니골라 당의 교훈〉을 배웠습니다. 발람은 구약의 인물이고, 또한 하나님의 뜻을 전하는 듯하지만 발락에게 이스라엘이 범죄하는 방법을 일러준 이방 선지자입니다. 그러므로 〈발람의 교훈〉은 이방 종교의 교훈을 의미한다고 하겠습니다. 이는 걸림돌이 되어 하나님의 백성에게 우상의 제물을 먹게 하고 행음하게 합니다. 교회 내에 관상기도나 요가와 같이, 듣기에는 경건하거나 유용한 것 같으나 이방 종교에서 온 교훈을 제해야 합니다.

〈니골라 당의 교훈〉은 니골라 집사를 떠올리게 됩니다. 즉 믿는 사람이 만든 교훈인 것 같습니다. 구원파와 같이 기독교에서 갈라진 이단의 교리가 〈니골라 당의 교훈〉이 되겠습니다. 배우기를 좋아하면서도, 성경에 없는 교훈에 열심을 내면 도리어 성경 말씀을 지키지 못하게 됩니다. 유대인들이 고르반[27]을 지키면서도 하나님의 말씀을 지키지 않게 되는 것과 마찬가지로 사람의 교훈을 열심히 지키는 것 역시 헛되다[28]는 것을 기억해야 합니다. 그러므로 성도들은 자신이 지금 배우는 말씀이 성경의 말씀인지 아닌지 분별력을 갖추고 지혜롭게 행해야 합니다. 그렇지 않으면 열심히 하고도 헛되다는 것을 분명히 기억합시다. 돌이킬 기회가 있을 때 회개하지 않고 끝까지 다른 교훈 가운데 있으면, 그날에 예수님을 신랑으로 맞이하는 것이 아니라, 주께서 그 입의 검으로 싸우시는 대적이 될 것입니다.

계 2:16 그러므로 회개하라 그리하지 아니하면 내가 네게 속히 가서 내 입의 검으로 그들과 싸우리라

4. 두아디라 교회 - 이세벨 목사를 용납한 교회

1) 이세벨 목사

계 2:20 그러나 네게 책망할 일이 있노라 자칭 선지자라 하는 여

---

27) (막 7:11) 너희는 이르되 사람이 아버지에게나 어머니에게나 말하기를 내가 드려 유익하게 할 것이 고르반 곧 **하나님께 드림이 되었다고 하기만 하면 그만이라** 하고
28) (마 15:9) 사람의 계명으로 교훈을 삼아 가르치니 **나를 헛되이 경배하는도다** 하였느니라 하시고

두아디라 교회가 책망을 들은 것은 자칭 선지자라 하는 〈여자 이세벨〉
을 용납하였기 때문입니다. 이 자칭 선지자는 구약의 '이세벨'이나 단지
'여성'을 말하는 것이 아니라, '영적 음행을 가르치는 목회자'를 가리킵니
다. 여성이라 칭한 것은 '음녀'와 관계가 있기 때문입니다. 교회는 예수님
의 신부인데, 음녀는 부패한 교회를 말합니다. 음행에 가담한 음녀는 예
수님의 흠 없고 순결한 신부가 될 수 없습니다. 교회로 하여금 우상의 제
물을 먹게 하고, 또 박해를 피해 우상의 제사에 참여하도록 영적인 음행
을 가르치는 교회의 지도자가, 바로 '이세벨 목사'입니다.

2) 사망 안에서 죽이리니

계 2:22 볼지어다 내가 그를 침상에 던질 터이요 또 그와 더불어
간음하는 자들도 만일 그의 행위를 회개하지 아니하면 큰 환난
가운데에 던지고
계 2:23 또 내가 사망으로 그의 자녀를 죽이리니 모든 교회가 나
는 사람의 뜻과 마음을 살피는 자인 줄 알지라 내가 너희 각 사람
의 행위대로 갚아 주리라

우상의 제물을 먹고 그와 더불어 간음하면서도 회개하지 않으면 〈내가
사망으로 그의 자녀를 죽이리〉라 하셨습니다. 그 죄가 얼마나 중하기에
그 자녀들까지 죽이려 하셨겠습니까? 23절의 〈자녀〉 [τεκνα_테크나]는,

[τεκνον_테크논]의 복수형으로 [교사와의 관계에서 영적 자녀를 의미합니다. 즉 '육신적 자녀'를 말하는 것이 아니라 "영적 자녀", 즉 '이세벨 목사의 교훈을 따르는 사람들'을 가리킵니다. 하나님께서 이들을 ⟨사망으로⟩ 죽이겠다고 하신 것입니다.

또한 이 ⟨사망으로⟩라는 말은 [ἐν θανατῳ_엔 다나토], 즉 "사망 안에서"라는 뜻입니다. "사망 안에서 죽는다"는 것은 그저 목숨을 잃는 것이 아니라 '둘째 사망'이 됨을 의미합니다. "사망 안에서" 죽게 되면 '백보좌 심판'이 기다리기 때문입니다. 즉 23절은 '이세벨 목사의 교훈을 따르는 교인은 둘째 사망의 해를 입게 된다'는 말씀입니다.

천년왕국 이후, 곡과 마곡의 전쟁이 끝나 백보좌 심판 때에는 사망이 '자기 가운데서' 죽은 자들을 내줍니다.[29] 그리고 각 사람과 사망과 음부가 불못에 던져지는 '둘째 사망'이 있습니다. 두아디라 교회와 같이 대환난 때 박해를 피해 우상의 제물을 먹으며 우상의 제사에 참여하고도 말씀을 듣고 회개하지 않으면 결국 '첫째 부활'에 참여하지 못하고 '백보좌 심판'을 받게 됨을 기억해야 합니다.[30]

두아디라 교회는 스스로 믿음을 잘 지켰음에도, 다른 교훈을 받아들여 '영적 음행'을 하게 되었습니다. 이제까지 자신이 지켜온 말씀에 지식과 확신을 가지고 다른 교훈을 분별할 수 있도록 합시다.

---

29) (계 20:13) 바다가 그 가운데에서 죽은 자들을 내주고 또 **사망과 음부도 그 가운데에서 죽은 자들을 내주매** 각 사람이 자기의 행위대로 심판을 받고

30) (계 21:8) 그러나 두려워하는 자들과 믿지 아니하는 자들과 흉악한 자들과 살인자들과 음행하는 자들과 점술가들과 우상 숭배자들과 거짓말하는 모든 자들은 불과 유황으로 타는 못에 던져지리니 이것이 **둘째 사망**이라

5. 사데 교회 - 온전한 것이 없는 교회

1) 행위의 온전한 것

> 계 3:1 사데 교회의 사자에게 편지하라 하나님의 일곱 영과 일곱
> 별을 가지신 이가 이르시되 내가 네 행위를 아노니 네가 살았다
> 하는 이름은 가졌으나 죽은 자로다
> 계 3:2 너는 일깨어 그 남은 바 죽게 된 것을 굳건하게 하라 내 하
> 나님 앞에 네 행위의 온전한 것을 찾지 못하였노니
> 계 3:3 그러므로 네가 어떻게 받았으며 어떻게 들었는지 생각하
> 고 지켜 회개하라 만일 일깨지 아니하면 내가 도둑 같이 이르리
> 니 어느 때에 네게 이를는지 네가 알지 못하리라

사데 교회는 〈살았다 하는 이름은 가졌으나 죽은 자〉라고 했습니다.
그러면 이 교회는 살아있는 것입니까, 죽은 것입니까? 또 2절에서 〈그 남
은 바 죽게 된 것을 굳건하게 하라〉고 한 것을 보면 죽은 것이 확실한 것
같습니다. 사데 교회는 명목상으론 살아있지만 죽어가고 있습니다. 그

이유가 무엇입니까? 주님은 하나님 앞에서 사데 교회의 〈행위의 온전한 것을 찾지 못하였〉다고 하셨습니다. 다시 말해 살아있다고 하면서 하기는 다 하는데, 제대로 '온전하게 행하는 것'이 하나도 없기 때문입니다.

사람이 하나님 앞에서 온전해질 수 있을까요? 사람들은 흔히 '온전할 수 있다'고 하면 '교만하다'고 생각합니다. 인간은 온전할 수 없다고들 합니다. 그러나 하나님께서 우리에게 불가능한 것을 요구하시겠습니까? '하나님께서 온전하기를 요구하시는 것을 보니 할 수 있겠구나!' 하고 믿음으로 순종해야 합니다. 성경을 찾아서 보겠습니다.

> 골 1:28 우리가 그를 전파하여 각 사람을 권하고 모든 지혜로 각 사람을 가르침은 각 사람을 그리스도 안에서 완전한 자로 세우려 함이니
> 골 1:29 이를 위하여 나도 내 속에서 능력으로 역사하시는 이의 역사를 따라 힘을 다하여 수고하노라

사도 바울이 각 사람을 권하고 가르치는 것은 〈그리스도 안에서 완전한 자로 세우려 함〉이었습니다. 즉 우리가 완전하게 될 수 있다는 말씀이 분명합니다. 그래서 바울은 성령님의 역사하심을 따라 힘을 다하여 수고한다고 했습니다. 또한 순종하여 행하는 우리에게도 성령님의 역사하심이 있기 때문에 가능합니다. 여기에 〈그리스도 안에서〉라는 특별한 조건이 있으므로 우리가 완전해지는 것이 더욱 가능합니다.

> 마 5:48 그러므로 하늘에 계신 너희 아버지의 온전하심과 같이 너희도 온전하라
> 벧전 1:15 오직 너희를 부르신 거룩한 이처럼 너희도 모든 행실에 거룩

한 자가 되라

벧전 1:16 기록되었으되 내가 거룩하니 너희도 거룩할지어다 하셨느니라

성도는 온전할 수 있다는 것을 알아야 합니다. 우리 하나님 〈아버지의 온전하심과 같이〉 〈너희도 온전하라〉고 하신 것을 보면, 우리 믿는 사람이 행실에서 거룩할 수 있고, 또한 온전히 행할 수 있음을 믿읍시다. 또한 주님께서는 우리를 〈모든 행실에서 거룩한 자가 되라〉고 하셨습니다. 주님께서 거룩하시므로, 우리도 거룩할 수 있음을 믿고 힘써 행해야 합니다.

우리가 온전하게 되는 방법은 두 가지입니다. 처음부터 온전하거나, 말씀을 듣고 깨달아 온전하지 못한 것을 회개하는 것입니다. 회개는 온전하게 이기는 믿음의 행위입니다. 성경이 일러주는 대로 우리는 온전할 수 있습니다. 아시아 일곱 교회 중 두 교회가 주님께 책망 없이 칭찬만 들었습니다. 그러나 그들에게도 동일하게 주신 말씀이 〈이기는 자〉입니다. 계속해서 회개하고 돌이키는 것이 곧 죄를 이기는 것임을 기억합시다.

2) 생명책에서 결코 지우지 아니하고

계 3:5 이기는 자는 이와 같이 흰 옷을 입을 것이요 내가 그 이름을 생명책에서 결코 지우지 아니하고 그 이름을 내 아버지 앞과 그의 천사들 앞에서 시인하리라

〈이기는 자〉는 〈생명책에서 결코 지우지〉 않는다고 하셨습니다. 이기는 자는 어떻게 이깁니까? 회개함으로 이깁니다. 책망의 말씀을 듣고 회

개하면 이기는 자가 된다는 것을 분명히 알아야 합니다. 회개함으로 자기 옷을 빠는 자가 복이 있습니다.[31] 그러나 이기지 못하면 지게 됩니다. 중간은 없습니다. 말씀을 듣고도 자신을 죄에 내버려둔 채 끝까지 가면 그 이름이 생명책에 보존되지 않습니다. 〈이기는 자〉의 이름을 '결코 지우지 않으신다'는 것을 보면, 곧 이기지 못한 자, 즉 회개하지 않는 자는 결국 지워진다는 것입니다. 그러면 위 말씀 외의 다른 구절에도 '이름을 지운다'는 말이 있는지 살펴봅니다.

① 출 32:33

출 32:33 여호와께서 모세에게 이르시되 누구든지 내게 범죄하면 내가 내 책에서 그를 지워 버리리라

누구든지 하나님께 범죄하면 주께서 내 책에서 지워 버린다고 하셨습니다. 이 '범죄하다'는 (칼 완료태)로, 한번 죄를 범했다고 지운다는 것이 아니라 '계속해서 범죄하여 끝까지 가는' 사람을 말합니다. 성도는 죄를 그냥 놔두지 않습니다. 성도는 죄를 범하였다가도 하나님께서 책망하실 때마다 회개하므로 문제가 안 됩니다. 그러나 회개하지 않고 계속해서 끝까지 죄의 길로 가는 사람은 생명책에서 지워 버리실 것을 말씀하셨습니다.

② 시 69:26-28

시 69:26 무릇 그들이 주께서 치신 자를 핍박하며 주께서 상하게 하신 자의 슬픔을 말하였사오니

31) (계 22:14) **자기 두루마기를 빠는 자들은 복이 있으니** 이는 그들이 생명나무에 나아가며 문들을 통하여 성에 들어갈 권세를 받으려 함이로다

시 69:27 그들의 죄악에 죄악을 더하사 주의 공의에 들어오지 못하게
하소서
시 69:28 그들을 생명책에서 지우사 의인들과 함께 기록되지 말게 하소서

시편 69편 전체를 읽어보면, 형제를 핍박하는 사람을 생명책에서 지워
달라고 하였습니다. 생명책에서 지우라는 것으로 보아 그들도 이미 생명
책에 이름이 기록된 형제들입니다. 그러나 의인을 핍박하며 계속 악행을
하는 자들을 시편 기자는 생명책에서 지워달라고 요구하는 것입니다. 생
명책에 기록된 이름은 지워질 수 있습니다.

③ 계 22:19

계 22:19 만일 누구든지 이 두루마리의 예언의 말씀에서 제하여 버리면
하나님이 이 두루마리에 기록된 생명나무(책)와 및 거룩한 성에 참여함
을 제하여 버리시리라

이 19절의 〈생명나무〉는 「알랜드 사본」에 〈생명나무〉라 되어 있지만,
「스테판 사본」에는 "생명책"이라 되어 있습니다. 22장에서 더 설명하겠지
만, 〈생명나무〉든 "생명책"이든 '참여함을 제한다'는 것은 이미 참여하기
로 되었던 자였지만 지운다는 말씀이 분명합니다.

사데 교회에 주신 말씀을 포함하여 '생명책에서 이름을 지운다'는 말이
성경에는 4번이나 나옵니다. 이 말씀은 단지 겁을 주기 위한 공갈이 아니
라, 기록된 이름이 분명히 지워질 수 있음을 뜻한다는 지식을 갖추어야
합니다.

6. 빌라델비아 교회 - 능력 있는 교회

1) 빌라델비아 교회의 능력

> 계 3:8 볼지어다 내가 네 앞에 열린 문을 두었으되 능히 닫을 사
> 람이 없으리라 내가 네 행위를 아노니 네가 작은 능력을 가지고
> 서도 내 말을 지키며 내 이름을 배반하지 아니하였도다

빌라델비아 교회는 서머나 교회와 함께 주님께 책망 없이 칭찬만 들은 좋은 교회입니다. 어떻게 칭찬만 들을 수 있었습니까? 바로 빌라델비아 교회가 〈능력〉 있는 교회였기 때문입니다. 그 능력이란 다른 것이 아니라 '말씀을 지키는 것'입니다. 흔히 사람들은 능력이라 하면 대단한 일을 이루는 것을 생각합니다. 그러나 본문을 보면, 어떠한 상황 속에도 하나님의 말씀을 지키고 주의 이름을 배반하지 않는 것이 바로 〈능력〉입니다. 능력의 의미를 잘 알고, 말씀을 지키는 능력 있는 성도가 되도록 합시다.

2) 환난은 면하는 것이 아니라 거치는 것

> 계 3:10 네가 나의 인내의 말씀을 지켰은즉 내가 또한 너를 지켜
> 시험의 때를 면하게 하리니 이는 장차 온 세상에 임하여 땅에 거
> 하는 자들을 시험할 때라

이 말씀을 가지고 혹자는 성도가 대환난을 거치지 않는다고 주장합니다. 그러나 이 말씀을 헬라어로 보면 오해할 것이 없습니다.

[ὅτι ἐτήρησας   τὸν λόγον τῆς ὑπομονῆς μου]
때문에 네가 지켰다   말씀을   인내의   나의
[κἀγώ   σε   τηρήσω]
그래서 내가 너를 지켜줄 것이다.
[ἐκ τῆς ὥρς τοῦ πειρασμοῦ τῆς μελλούσης ἔρχεσθαι]
동안에   때   시험의   장차   올
[ἐπὶ τῆς οἰκουμένης ὅλης πειράσαι τοὺς κατοικοῦντας ἐπὶ τῆς γῆς]
위에   세상의   온 시험하기 위하여 거하는 자들을 위에   땅

일단 10절 말씀의 주요소를 살펴봅시다. 주어는 [καγω_카고 : 나는]이
고, 동사는 [τηρησω_테레소 : 지켜줄 것이다]이며, 목적어는 [σε_세 : 너
를]입니다. 따라서 이 문장의 주요소 [καγω σε τηρησω_카고 세 테레소]
를 번역하면, "내가 너를 지켜줄 것이다"는 뜻입니다. 그러면 나머지는 모
두 부사구입니다. 하나님께서 우리를 지켜주시는데, 왜 지켜줍니까? 바
로 〈네가 나의 인내의 말씀을 지켰〉기 때문입니다. 또, 언제 지켜줍니까?
〈장차 온 땅에 임하여 땅에 거하는 자들을 시험할 때〉입니다. 즉 10절은
〈네가 나의 인내의 말씀을 지켰은즉〉 〈장차 온 땅에 임하여 땅에 거하는
자들을 시험할 때〉에 "내가 너를 지켜줄 것이다"라는 의미입니다.

그러나 10절의 헬라어에는 〈면하게 하리라〉는 동사가 없습니다. 아마
도 [ἐκ_에크 : ~밖으로, ~동안에]라는 전치사가 '면하다'로 의역된 듯하
나 이는 오역입니다. 전치사는 '지키다'라는 본동사에 맞추어야 올바른
번역이 됩니다. '시험의 때 밖으로'가 아니라 "시험의 때 동안" 인내의 말씀
을 지킨 성도를 하나님께서 지켜주신다는 말씀입니다.

이 말씀에 근거하면, 성도는 반드시 대환난을 거칠 것입니다. 노아가 홍수의 때를 거쳤습니까, 면했습니까? 성경은 '환난 전 휴거'를 말하지 않습니다. 성도는 환난을 겪지만, 그럼에도 환난을 두려워하거나 걱정할 것이 아닙니다. 우리가 주의 인내의 말씀을 지킬 때, 주님께서도 우리를 반드시 지켜주신다 하신 말씀을 굳게 믿고 이길 수 있습니다. 주님께서 지켜주시기에 완벽하게 보호됨을 믿고 담대합니다.

3) 성도는 환난을 반드시 겪습니다

행 14:22 제자들의 마음을 굳게 하여 이 믿음에 머물러 있으라 권하고 또 우리가 하나님의 나라에 들어가려면 많은 환난을 (반드시 [δϵι]) 겪어야 할 것이라 하고

성경은 제자들이 〈하나님의 나라에 들어가려면 많은 환난을 겪어야〉한다고 하였습니다. 우리 성경에서는 번역되지 않았으나, 22절에는 헬라어로 [δϵι_데이]라는 단어가 더 있습니다. 이는 '반드시'라는 의미로, 성도는 "반드시" 환난을 겪게 되어 있습니다. 그것도 많은 환난을.

4) 왜 환난을 겪어야 하는가?

롬 5:3 다만 이뿐 아니라 우리가 환난 중에도 즐거워하나니 이는 환난은 인내를,
롬 5:4 인내는 연단을, 연단은 소망을 이루는 줄 앎이로다

환난이 있기에, 우리는 천국 소망을 더욱 이룰 수 있습니다. 예수 십자가 대속 없이 구원이 없었듯이, 또한 해산의 고통 없이 생명이 태어날 수 없듯이, 환난 없이는 인내도, 연단도, 소망도, 이룰 수 없습니다. 환난을 겪음으로써 천국의 소망을 더욱 이루어 갑니다. 환난이 인내와 연단, 소망을 이루는 앎으로, 우리는 환난 중에도 즐거워할 수 있는 것입니다. 북한의 지하교회 성도들은 천국에 대한 강렬한 소망이 있습니다. 로마시대의 예수님의 이름으로 박해받던 성도들도 매우 강력한 소망이 있었기에 끝까지 주의 이름을 부인하지 않았습니다. 마지막 환난 때에도, 그와 같을 것입니다.

> 엡 4:13 우리가 다 하나님의 아들을 믿는 것과 아는 일에 하나가 되어 온전한 사람을 이루어 그리스도의 장성한 분량이 충만한 데까지 이르리니
> 엡 4:14 이는 우리가 이제부터 어린 아이가 되지 아니하여 사람의 속임수와 간사한 유혹에 빠져 온갖 교훈의 풍조에 밀려 요동하지 않게 하려 함이라

또한 어린 신앙은 환난 중에 믿음을 끝까지 지키지 못합니다. 마지막 때 대환난이 있음을 인식할 때, 자신의 믿음이 '갓난아이의 신앙'에 머무르도록 놔두어서는 안 됩니다. 흉악한 자와 싸워 이길 수 있는 '청년의 믿음32)'을 갖추어야, 믿음의 선한 싸움을 싸우고 나서도 이기는 자가 될 수 있습니다. 천국을 향해 가는 동안 사람의 속임수와 간사한 유혹이 있으

---

32) (요일 2:14) 아이들아 내가 너희에게 쓴 것은 너희가 아버지를 알았음이요 아비들아 내가 너희에게 쓴 것은 너희가 태초부터 계신 이를 알았음이요 **청년들아** 내가 너희에게 쓴 것은 너희가 강하고 하나님의 말씀이 너희 안에 거하시며 **너희가 흉악한 자를 이기었음이라**

며, 또한 여러 가지 교훈에 요동할 수 있습니다. 믿는 것과 아는 일에 하나 되어 온전하고 장성한 자가 되게 하시려고 환난을 거치게 하십니다. 애벌레가 번데기를 찢는 고통을 거쳐야 나비가 되듯 성도도 환난 없이 성장할 수 없습니다. 그래서 마지막 때에도 대환난이 있는 것입니다. 땅에 속한 자들은 환난 가운데 엎드러지나 하늘에 속한 성도는 환난을 통하여 그리스도를 더욱 닮아가고 천국에 합당한 자로 서게 됩니다.

7. 라오디게아 교회 - 예수님이 문 밖에 계시는 교회

1) 신실한 증인

> 계 3:14 라오디게아 교회의 사자에게 편지하라 아멘이시여 충성되고 참된 증인이시오 하나님의 창조의 근본이신 이가 이르시되

앞서 (계 1:6)에서와 같이, 왕으로 오시는 예수님을 묘사하는 계시록에서는 14절의 [πιστος_피스토스]도 〈충성되고〉보다는 "신실하고"가 더 나은 듯합니다. 신실하고 참된 증인이신 예수님께서 증언하시는 내용은 참됩니다. 또한 예수님은 아멘이시며 하나님의 창조의 근본이십니다.

2) 문 밖에서 두드리시는 예수님

> 계3:20 볼지어다 내가 문 밖에 서서 두드리노니 누구든지 내 음성을 듣고 문을 열면 내가 그에게로 들어가 그와 더불어 먹고 그

는 나와 더불어 먹으리라

우리는 이 말씀을 4영리로 전도할 때 사용했던 기억이 있습니다. 그러나 사실 이 말씀은 불신자가 아니라 '교회'에 하신 말씀입니다. 라오디게아 교회는 부요한 듯 보이지만 벌거벗고 곤고한 교회였습니다. 불로 연단한 금과 흰 옷은 환난을 통해 얻을 수 있음에도, 환난을 피해 세상과 적당히 타협하고 중립을 지키는 교회였습니다. 그래서 차지도 뜨겁지도 않은 채 미지근하여 예수님은 입에서 토해 버리리라고 말씀하실 정도였습니다. 라오디게아 교회는 그 마음속에 예수님이 없는 교회였습니다. 그러나 예수님께서는 이 교회를 사랑하시어 책망하십니다. 비록 예수님을 마음문 밖으로 쫓아낸 교회였지만, 주님은 가버리지 않으시고 문 밖에 서 계시며 계속 문을 두드리십니다. 곤고한 교회를 떠나버리지 않으시고 더불어 먹기를 원하신다며 계속 부르시는 것입니다. 주님의 그 음성을 듣고 문을 열면 관계는 얼마든지 회복될 것입니다. 그 은혜를 깨닫고 빨리 회개하도록 합시다. 이기는 자는 주의 보좌에 함께 앉게 하십니다. 그러나 교회가 예수님 없는 이 상태에서 영영 돌이키지 않으면 영원한 멸망이 될 수 있음을 기억하고 두려워해야 하겠습니다.

고후 13:5 너희는 믿음 안에 있는가 너희 자신을 시험하고 너희 자신을 확증하라 예수 그리스도께서 너희 안에 계신 줄을 너희가 스스로 알지 못하느냐 그렇지 않으면 너희는 버림 받은 자니라

요한계시록 4장

하늘 보좌

1. 〈이리로 올라오라〉 - 휴거가 아니다

계 4:1 이 일 후에 내가 보니 하늘에 열린 문이 있는데 내가 들은 바 처음에 내게 말하던 나팔 소리 같은 그 음성이 이르되 이리로 올라오라 이 후에 마땅히 일어날 일들을 내가 네게 보이리라 하시더라

세대주의에서는 본문의 〈이리로 올라오라〉는 말을 휴거로 봅니다. 그러나 여기 〈올라오라〉는 휴거가 아닙니다. 먼저 성경에서 휴거라고 여겨지는 단어를 보겠습니다.

살전 4:17 그 후에 우리 살아 남은 자들도 그들과 함께 구름 속으로 끌어 올려 공중에서 주를 영접하게 하시리니 그리하여 우리가 항상 주와 함께 있으리라

일반적으로 이 데살로니가전서 말씀에서 구름 속으로 〈끌어 올려〉라는 이 [ἁρπαγησομεθα_하르파게소메다]를 "휴거하다"라고 봅니다. 이 단

어는 동사 [ἁρπαζω_하르파조]의 {직설법/미래/수동태/1인칭/복수}로 쓰였습니다. 휴거는 하나님께서 우리를 '끌어 올려' 가시기 때문에 사람이 주어일 경우 당연히 수동태로 쓰입니다. 그런데 (계 4:1)에서 〈이리로 올라오라〉는 명령어는 [Αναβα_아나바]로, [ἀναβαινω_아나바이노]의 {명령형/부정과거/능동태/2인칭/단수}입니다. 단어도 다르고, 능동태입니다. 〈올라오라〉고 하시면 성도들이 "예" 하고 직접 높은 곳에 올라가는 것이 휴거가 되겠습니까? '들려 올라가는 것'이 휴거지, 문법적으로 스스로 올라가는 것을 휴거라고 보기는 어렵습니다. (계 4:1)의 〈이리로 올라오라〉는 '휴거하다'라는 동사도 아니며, 능동태로 쓰여 휴거가 될 수 없음을 짚고 넘어갑니다.

2. 성령에 감동되었더니

> 계 4:2 내가 곧 성령에 감동되었더니 보라 하늘에 보좌를 베풀었고 그 보좌 위에 앉으신 이가 있는데

2절의 〈성령에 감동되었더니〉는 앞선 (계 1:10)과 같은 표현으로, 사도 요한이 주님께서 하신 올라오라는 말씀을 듣고 "성령 안에 있었다", "성령님을 의지하였다"는 의미가 되겠습니다.

3. 무지개

계 4:3 앉으신 이의 모양이 벽옥과 홍보석 같고 또 무지개가 있어
보좌에 둘렸는데 그 모양이 녹보석 같더라

사도 요한이 본 하늘 보좌는 〈무지개〉로 둘려 있었습니다. 무지개는
창세기에서 물심판 후에 주어진 것입니다. 그리고 앞으로는 물로써 심판
하지 않겠다는 언약의 표징입니다.[33] 그런데 이 무지개는 '물로써 심판하
지 않겠다'는 표징이지 '심판이 없다'는 것은 아닙니다. 다시 말해 무지개
는 전에도 심판하신 하나님께서 앞으로도 심판하심을 보여주는 것입니
다. 그때는 물이 아니라 불로써 심판하실 것입니다.[34]

물심판, 즉 노아 홍수 때에 노아는 은혜를 입고 보호받았습니다. 훗날
불로 심판할 때에도 우리가 하나님의 은혜를 입고 보호받을 수 있음을
알아야 합니다. 우리가 특별히 더 기억할 것은 물심판 때 노아가 '하나님
이 만들어 주신 방주'를 탄 것이 아니라, 말씀을 따라 '자신이 직접 만든
방주'로 구원받았다는 점입니다. 심판 전에, 하나님은 노아에게 방주를
만들도록 명하시고 설계도를 주셨습니다.[35] 하나님께서 말씀하신대로
산 위에서 방주를 만든 노아는 자신을 구원에 이르도록 했습니다.

불심판 때에도 성도들은 말씀을 따라 스스로 구원에 이르도록 힘써야
할 것입니다. 이 불심판을 준비하는 하나님의 설계도가 있을까요? 그렇

---

33) (창 9:15) 내가 나와 너희와 및 육체를 가진 모든 생물 사이의 **내 언약**을 기억하리니 다시는 물이
모든 육체를 멸하는 홍수가 되지 아니할지라
34) (벧후 3:6) 이로 말미암아 그 때에 세상은 **물**이 넘침으로 멸망하였으되
(벧후 3:7) 이제 하늘과 땅은 그 동일한 말씀으로 **불**사르기 위하여 보호하신 바 되어 경건하지
아니한 사람들의 심판과 멸망의 날까지 보존하여 두신 것이니라
35) (창 6:15) 네가 만들 방주는 이러하니 그 길이는 삼백 규빗, 너비는 오십 규빗, 높이는 삼십 규빗이라

습니다. 바로 요한계시록입니다. 그러므로 우리는 요한계시록을 열심히 읽으며 불심판에 대비해야 합니다. 또한 분명히 기억할 것은, 노아가 순종함으로 방주를 만들어 자기와 가족을 구원받게 하였다는 점입니다. 우리도 계시록을 읽고 듣고 순종함으로 스스로 자신을 준비해야 합니다.

노아가 배를 아무렇게나 만들었는데 하나님께서 무조건 보호하여 주셨습니까? 결코 그렇지 않습니다. 현대에 성경의 방주 규격대로 배를 만들어보니, 바다에서 일어날 수 있는 가장 큰 파도에도 견딜 수 있는 놀라운 안정도를 가졌다고 합니다. 이 말은, 반드시 '말씀하신 규격대로' 만들어야 배가 가장 안전하다는 것입니다. 하나님께서 가장 안전한 규격을 주셨는데 노아가 제멋대로, 또는 적당히 만들었다면 안정도가 헛것이 되었을 것입니다. 노아는 하나님이 주신 설계도대로, 그대로 만들었다고 믿어야 합니다.

그러면 노아는 배를 잘 만드는 사람이었을까요? 아닙니다. 어쩌면 노아는 배를 본 적도 없는 사람일지도 모릅니다. 아니면 설계도를 첫눈에 완벽하게 이해했을까요? 그것도 아닙니다. 노아도 잘 몰랐을 겁니다. 그러나 한 단계를 마치고 나면 다음 단계를 알게 되고, 또 한 단계 한 단계를 거치면서 다음 단계를 깨닫게 되었을 것입니다. 우리도 요한계시록을 한꺼번에 다 알지 못한다 할지라도 지금까지 내용을 잘 알고 순종함으로 대비하면 그때에 가서 분명히 바르게 깨닫고 준비할 수 있게 될 것입니다. 그러므로 포기하지 말고 끝까지 노력하는 것이 중요합니다.

우리는 불시험과 대환난을 완벽하게 대비할 수 있을까요? 노아도 배를 처음 만들어 봤습니다. 그러나 말씀을 따라 순종하였기에 완벽하게 되었습니다. 내 멋대로, 내 정성대로가 아닙니다. 말씀대로입니다. 노아는 최선을 다하여 배를 만들었지만 하나님께서 온전하게 이루어주셨음을 고

백할 수밖에 없었을 것입니다. 하나님께서는 그를 기뻐하시고 행한 대로 복을 주셨습니다. 그러나 노아는 온전히 하나님의 은혜라고 고백합니다. 우리가 온전히 순종하고 노력하면 틀림없이 하나님께서 온전하도록 역사하실 것입니다. 이 사실을 믿고 주의 인내의 말씀을 지키는 성도를, 시험의 때 동안 주께서 안전하게 지켜주실 것입니다.

4. 지금도 오시는 이

계 4:8 네 생물은 각각 여섯 날개를 가졌고 그 안과 주위에는 눈들이 가득하더라 그들이 밤낮 쉬지 않고 이르기를 거룩하다 거룩하다 거룩하다 주 하나님 곧 전능하신 이여 전에도 계셨고 이제도 계시고 장차 오실 이[ὁ ἦν καὶ ὁ ὢν καὶ ὁ ἐρχόμενος]시라 하고

〈전에도 계셨고 이제도 계시고 장차 오실 이〉라는 부분은 앞서 1장에서 살펴본 바와 같이, 〈전에도 계셨고 이제도 계시고〉 "지금도 오시는 이"라고 하는 것이 마땅합니다. 훗날 오시는 분이 아니라 지금도 성도를 도우러 오시는 하나님을 가리키기 때문입니다.

5. 금관과 면류관

계 4:4 또 보좌에 둘려 이십사 보좌들이 있고 그 보좌들 위에 이

십사 장로들이 흰 옷을 입고 머리에 금관을 쓰고 앉았더라

계 4:10 이십사 장로들이 보좌에 앉으신 이 앞에 엎드려 세세토록 살아 계시는 이에게 경배하고 자기의 관을 보좌 앞에 드리며 이르되

이번 개역개정판에서 〈금관〉이라고 번역되었는데 이는 '왕관'이 아니라 승리자의 "면류관"입니다. 4절과 10절의 [στεφανος_스테파노스]는 "면류관"이라고 번역되는 것이, '왕관'을 뜻하는 [διαδημα_디아데마]와의 구별을 위해 좋습니다. 왕이 쓰는 '왕관'은 다시 오시는 예수님이 쓰십니다.

계 19:12 그 눈은 불꽃 같고 그 머리에는 많은 관들[διαδημα_디아데마]이 있고 또 이름 쓴 것 하나가 있으니 자기밖에 아는 자가 없고

요한계시록 5장

인 뗄 자 - 예수 그리스도

1. 일곱 인으로 봉인된 두루마리

> 계5:1 내가 보매 보좌에 앉으신 이의 오른손에 두루마리가 있으
> 니 안팎으로 썼고 일곱 인으로 봉하였더라

보좌에 앉으신 이의 오른손에 일곱 인으로 봉인된 두루마리가 있습니
다. 봉인되어는 있지만, 안팎으로 글씨가 적혀 있습니다. 신구약 성경을
같이 연구하여 보면, 이 내용이 무엇인지 추측할 수 있습니다. 에스겔서
를 보겠습니다.

> 겔 2:9 내가 보니 보라 한 손이 나를 향하여 펴지고 보라 그 안에 두루
> 마리 책이 있더라
> 겔 2:10 그가 그것을 내 앞에 펴시니 그 안팎에 글이 있는데 그 위에 애
> 가와 애곡과 재앙의 말이 기록되었더라

안팎으로 글이 적혀 있는 두루마리에는 〈애가와 애곡과 재앙〉이 기록
되어 있습니다. 애곡과 재앙이 기록되었으니 흉악한 이방인을 위한 글일

까요? 하나님께서 에스겔 선지자를 보내시는 3절을 함께 봅시다.

겔 2:3 내게 이르시되 인자야 내가 너를 이스라엘 자손 곧 패역한 백성, 나를 배반하는 자에게 보내노라 그들과 그 조상들이 내게 범죄하여 오늘까지 이르렀나니

이 애곡과 재앙의 말씀은 바로 패역한 백성, 주님을 배반하는 이스라엘에게 하시는 말씀이었습니다. 그러나 그들은 하나님을 모르는 이방 족속이 아니라 하나님의 백성이었습니다. 재앙이 기록된 두루마리를 먹은 에스겔은 패역한 이스라엘에게 보냄 받았던 것입니다. 재앙에 대한 말씀이 기록된 계시록도 패역한 자들, 배반한 자에게 주시는 말씀인데, 이들은 불신자가 아니라 예수 믿는다는 사람들이라는 것입니다. 계시록은 장래 어떻게 될 것을 보여주시며 하나님의 백성이 끝까지 배반하지 않고 믿음을 지키게 하시려고 주신 말씀입니다. 그렇지 않으면 그 애곡과 재앙이 있습니다. 그러나 성도가 계시록을 읽고 순종하여 회개하면, 끝까지 충성되이 믿음을 지키면 그 애곡과 재앙 가운데에서도 보호받습니다.

2. 인 떼 자 - 예수 그리스도

계 5:5 장로 중의 한 사람이 내게 말하되 울지 말라 유대 지파의 사자 다윗의 뿌리가 이겼으니 그 두루마리와 그 일곱 인을 떼시리라 하더라

애곡과 재앙이 기록된 두루마리의 〈일곱 인〉을 떼기에 합당한 자는 다윗의 뿌리이자 어린양 예수 그리스도밖에 없습니다. 성도는 이 사실을 기억할 때 환난을 두려워할 것이 아닙니다. 그 두루마리의 봉인을 떼시는 분이 주님이시기에, 환난 가운데에서도 우리를 지키시고 공의로 세상을 심판하실 것이기 때문입니다. 주께서 우리에게 가장 알맞은 때 모든 것을 맞추시고 그 인을 떼실 때, 두루마리가 펼쳐지듯 대환난이 시작될 것입니다.

3. 성도의 기도 - 거문고와 대접

> 계 5:8 그 두루마리를 취하시매 네 생물과 이십사 장로들이 그 어린양 앞에 엎드려 각각 거문고와 향이 가득한 금 대접을 가졌으니 이 향은 성도의 기도들이라

어린양이 보좌에 앉으신 이의 손에서 봉인된 두루마리를 취하시자, 네 생물과 장로들은 각각 〈거문고와 향이 가득한 금 대접〉을 가지고 있었습니다. 이 맥락에서 한글 성경의 〈이 향은 성도들의 기도들이라〉는 부분의 오류를 바로잡고자 합니다.

8절에 〈이 향은 성도의 기도들이라〉고 하였는데, 헬라어로는 〈이 향〉이 아니라 앞에 나온 〈거문고와 향이 가득한 금 대접〉을 받는 관계대명사 [αἵ_하이]가 쓰였습니다. 이는 [여성명사/복수/주격]인데, 선행사로 오인된 〈향〉의 헬라어 [θυμιαμάτων_뒤미아마톤]은 [여성명사]가 아니라 [중성명사]입니다. 그러므로 [여성명사]를 받는 관계대명사 [αἵ_하이]의 선

행사는 〈향〉이 아닙니다. 이 문장에서 [αἵ_하이]에 선행하는 여성명사는 [κιθαρας_키다라스]〈거문고〉와 [φιαλας_피알라스]〈대접〉입니다. 즉 이 [αἵ_하이]는 〈향〉이 아니라 〈거문고〉와 〈대접〉이라는, 두 여성명사를 받는 관계대명사로 기능한 것입니다.

다시 말해 8절의 〈성도의 기도〉는 향이 아니라 〈거문고〉와 〈대접〉입니다. 그러므로 〈이 향은 성도의 기도들〉이라는 번역보다는 "그것들은 성도의 기도들"이라 하는 것이 더 나았으리라 판단됩니다.

한편, 〈거문고〉는 찬양하는 악기입니다. 즉 하나님께 올려드리는 찬양이 성도의 기도입니다. 성도의 찬송은 단지 노래가 아니라 기도입니다. 온 마음을 다하여 찬송함이 또한 하나님께 드리는 고백이고 기도임을 알고 힘을 다하여 주를 찬양합시다. 그리고 〈금 대접〉에 담긴 귀한 향도 성도의 기도입니다. 금 대접에 담겼다는 것은 그만큼 값지고 귀하다는 것입니다. 성도의 기도는 하나님을 기쁘게 해 드리는 향입니다.

흔히 '기도'라 하면 자신의 소원을 비는 것이라고 생각합니다. 그러나 하나님 백성의 기도는 자신의 소원을 아뢰는 것이 아닙니다. 하나님의 뜻이 이루어지도록 기도하는 것입니다. 주의 기도에서와 같이 '뜻이 하늘에서 이루어진 것 같이 땅에서도 이루어지도록' 기도하는 것입니다. 이 기도가 주께 열납되어, 보좌에 앉으신 어린양이 주의 뜻대로 두루마리의 인을 떼십니다.

4. 왕과 제사장

> 계 5:10 그들로 우리 하나님 앞에서 나라와 제사장들을 삼으셨으
> 니 그들이 땅에서 왕 노릇 하리로다 하더라

(계1:6)에서와 같이, 위 10절도 「알랜드 사본」의 〈나라〉[βασιλειαν_바실레이안]보다는 「스테판 사본」의 "왕들"[βασιλεις_바실레이스]를 적용해 "하나님 앞에 왕들과 제사장들을 삼으셨으니"로 번역하는 것이 더욱 적절할 것입니다.

요한계시록 6장

인 재앙

1. 70이레

계시록 6장을 보기 전에 먼저 7년 대환난을 이해하기 위하여 간단히 다니엘서의 70이레를 살펴보겠습니다.

> 단 9:24 네 백성과 네 거룩한 성을 위하여 일흔 이레를 기한으로 정하였나니 허물이 그치며 죄가 끝나며 죄악이 용서되며 영원한 의가 드러나며 환상과 예언이 응하며 또 지극히 거룩한 이가 기름 부음을 받으리라
> 단 9:25 그러므로 너는 깨달아 알지니라 예루살렘을 중건하라는 영이 날 때부터 기름 부음을 받은 자 곧 왕이 일어나기까지 일곱 이레와 예순두 이레가 지날 것이요 그 곤란한 동안에 성이 중건되어 광장과 거리가 세워질 것이며
> 단 9:26 예순두 이레 후에 기름 부음을 받은 자가 끊어져 없어질 것이며 장차 한 왕의 백성이 와서 그 성읍과 성소를 무너뜨리려니와 그의 마지막은 홍수에 휩쓸림 같을 것이며 또 끝까지 전쟁이 있으리니 황폐할 것이 작정되었느니라
> 단 9:27 그가 장차 많은 사람들과 더불어 한 이레 동안의 언약을 굳게 맺고 그가 그 이레의 절반에 제사와 예물을 금지할 것이며 또 포악하여

가증한 것이 날개를 의지하여 설 것이며 또 이미 정한 종말까지 진노가 황폐하게 하는 자에게 쏟아지리라 하였느니라 하니라

다니엘서에 따르면 69이레는 이미 지났고 이제 한 이레가 남았는데, 이것이 7년 대환난의 기간이 됩니다. 여기에서 또 중요한 이론은, 69이레와 한 이레 사이에 공백 기간[36]이 있다는 것입니다. 그리고 아직 오지 않은 '한 이레'가 7년 대환난이라고 보시면 되겠습니다.

2. 인 재앙

계시록에는 인 재앙, 나팔 재앙, 그리고 대접 재앙이 나타납니다. 일반적으로 많은 사람들이 이 셋을 시간적 순서로 나열하여, 대환난이 인 재앙으로 시작되어, 일곱째 인이 곧 나팔 재앙이고 마지막 나팔이 대접 재앙이 된다고 생각합니다. 그러나 계시록을 입체적으로 보면, 각 장은 시간의 흐름이 있는 부분이 있고, 그렇지 않은 부분이 있습니다. 또 간간히 오늘날의 성도에게 말씀하시는 부분도 있습니다.

계시록 5장에서는 먼저 〈일곱 인〉으로 봉해져 있는 두루마리를 사도 요한에게 보이십니다. 안팎으로 쓰인 이 두루마리의 내용은 애곡과 재앙입니다. 그리고 이 〈일곱 인〉이 모두 떼어져 두루마리가 펼쳐지는 것이, 바로 7년 대환난의 시작입니다. (계 8:1)에서 마지막 인이 떼어지기 전까지는 두루마리가 여전히 말려 있으므로, 첫째 인을 떼었다고 해서 대환난의 재앙이 시작되는 것이 아닙니다. 재앙의 시작은 일곱 인이 다 떼어진 이후

---

36) 이광복, 「성경 종말론」, 도서출판 흰돌, p.97.

이기 때문에, 이 '인 재앙'을 다른 재앙과 병렬적 시간의 흐름으로 보아서는 안 됩니다. 6장에서 애곡과 재앙의 두루마리를 봉인한 '일곱 인'을 떼는 내용은, 7년 대환난의 내용을 전체적으로 개괄하는 것입니다. 다시 말해 여섯째 인을 뗄 때에도 대환난이 시작된 것이 아니므로, 재앙과 휴거가 몇차례 일어난다고 오해할 필요가 없습니다. 8장에서 일곱째 인을 떼실 때에야 비로소 재앙의 두루마리가 펼쳐지고 첫째 나팔이 울리며 마지막 '한 이레'가 시작됩니다.

때문에 실질적인 7년 대환난의 시작은 '인 재앙'이 아니라 '나팔 재앙' 때로 보아야 합니다. 〈일곱 인〉은 영화의 예고편과 같이, 대환난 전반에 걸쳐 벌어질 대략적인 일들을 미리 보여주는 것입니다.

3. 첫째 인 - 적그리스도

> 계 6:1 내가 보매 어린양이 일곱 인 중의 하나를 떼시는데 그 때에 내가 들으니 네 생물 중의 하나가 우렛소리 같이 말하되 오라 하기로
> 계 6:2 이에 내가 보니 흰 말이 있는데 그 탄 자가 활을 가졌고 면류관을 받고 나아가서 이기고 또 이기려고 하더라

첫째 인을 떼니 〈흰 말〉이 나왔습니다. 흰 말을 탔기에 그 탄 자를 그리스도로 보는 사람들도 꽤 있습니다만 이 자는 적그리스도입니다.

1) 활을 가졌다

> 시 78:57 그들의 조상들 같이 배반하고 거짓을 행하여 속이는 활 같이
> 빗나가서

그리스도의 무기는 입에서 나오는 검입니다.[37] 그런데 그리스도께서
무기가 부족하여서 〈활〉을 더 가지시겠습니까? 흰 말 탄 자가 〈활〉을 가
졌다는 것 자체가 그리스도가 아님을 증거합니다. 성경에서 활은 속이기
위한 무기입니다. 그러므로 흰 말 탄 자는 '속이는 자'입니다.

2) 면류관을 받았다

최후 승리하신 만왕의 왕 그리스도가 쓰신 '왕관'은 [διαδημα_디아데
마]를 쓉니다.[38] 그러나 이 흰 말 탄 자가 받은 〈면류관〉은 [στεφανος_
스테파노스]로, 승리자에게 주는 '월계관'입니다. 이 '흰 말 탄 자'가 쓴 것
은 '왕관'도 아니며, 그보다 더 높은 자에게서 받았으니 이는 만왕의 왕으
로 오시는 그리스도로 볼 수 없습니다. 그는 공중 권세 잡은 붉은 용[39]
으로부터 이 〈면류관〉을 받았다고 하겠습니다.[40]

---

37) (히 4:12) **하나님의 말씀은** 살아 있고 활력이 있어 **좌우에 날선 어떤 검보다도 예리하여**
혼과 영과 및 관절과 골수를 찔러 쪼개기까지 하며 또 마음의 생각과 뜻을 판단하나
(계 1:16) 그의 오른손에 일곱 별이 있고 **그의 입에서 좌우에 날선 검이 나오고** 그 얼굴은 해가
힘있게 비치는 것 같더라
38) (계 19:12) 그 눈은 불꽃 같고 그 머리에는 많은 **관들**[διαδηματα]이 있고 또 이름 쓴 것 하나가
있으니 자기밖에 아는 자가 없고
39) (계 12:3) 하늘에 또 다른 이적이 보이니 보라 한 큰 붉은 용이 있어 머리가 일곱이요 뿔이 열이라 그
여러 머리에 일곱 **왕관**[διαδηματα]이 있는데
40) (계 13:2) 내가 본 짐승은 표범과 비슷하고 그 발은 곰의 발 같고 그 입은 사자의 입 같은데 **용이
자기의 능력과 보좌와 큰 권세를 그에게 주었더라**

3) 땅의 짐승

> 계 6:8 내가 보매 청황색 말이 나오는데 그 탄 자의 이름은 사망
> 이니 음부가 그 뒤를 따르더라 그들이 땅 사분의 일의 권세를 얻
> 어 검과 흉년과 사망과 땅의 짐승들로써 죽이더라

넷째 인까지 떼면서 나타난 네 말을 정리하면, 검(붉은 말)과 흉년(검은 말)과 사망(청황색 말)과 땅의 짐승(흰 말)로, 이를 서로 맞추면 〈흰 말〉은 〈짐승〉에 해당하는, 적그리스도가 분명합니다. 이들이 땅 사분의 일의 권세를 얻은 대환난 때에는 전쟁과 기근과 전염병으로, 그리고 '적그리스도', 곧 〈땅의 짐승들〉로 인해 많은 사람이 죽을 것입니다.

4) 재앙의 시작은 적그리스도

> 살후 2:3 누가 어떻게 하여도 너희가 미혹되지 말라 먼저 배교하는 일이
> 있고 저 불법의 사람 곧 멸망의 아들이 나타나기 전에는 그 날이 이르지
> 아니하리니

마지막 때에는 〈저 불법의 사람 곧 멸망의 아들〉이 먼저 나타난다고 하였습니다. 그러므로 대환난의 시작점에는 적그리스도의 출현이 있습니다. 그러나 그 전에는 그 날이 이르지 않습니다. 또한 각 환난의 때마다 나팔을 울려 주의 백성들에게 알리십니다. 두려워하지 말고 지식을 갖추십시다.

4. 둘째 인 - 전쟁

계 6:3 둘째 인을 떼실 때에 내가 들으니 둘째 생물이 말하되 오
라 하니
계 6:4 이에 다른 붉은 말이 나오더라 그 탄 자가 허락을 받아 땅
에서 화평을 제하여 버리며 서로 죽이게 하고 또 큰 칼을 받았더
라

둘째 인을 떼자 〈붉은 말〉이 나온 것은 이 땅의 전쟁을 의미합니다. 대
환난 기간 동안 곳곳에서 여러 전쟁이 계속 일어나게 됨을 보여줍니다.

5. 셋째 인 - 기근

계 6:5 셋째 인을 떼실 때에 내가 들으니 셋째 생물이 말하되 오
라 하기로 내가 보니 검은 말이 나오는데 그 탄 자가 손에 저울을
가졌더라
계 6:6 내가 네 생물 사이로부터 나는 듯한 음성을 들으니 이르되
한 데나리온에 밀 한 되요 한 데나리온에 보리 석 되로다 또 감람
유와 포도주는 해치지 말라 하더라

셋째 인을 떼자 〈검은 말〉이 나옵니다. 검은 말은 기근이 있음을 보여
줍니다. 전쟁으로 인하여 농사가 어려우므로 자연히 기근과 인플레이션
이 발생할 것입니다. 그러나 감람유와 포도주는 해치지 말라고 하였습

니다. 기근이 일어나 많은 어려움이 있음에도 감람유와 포도주는 기근과 관계없이 풍족할 것을 보여줍니다. 이것은 무엇을 의미하는가 생각해 보겠습니다.

> 삿 9:9 감람나무가 그들에게 이르되 내게 있는 나의 기름은 하나님과 사람을 영화롭게 하나니 내가 어찌 그것을 버리고 가서 나무들 위에 우쭐대리요 한지라
> 삿 9:13 포도나무가 그들에게 이르되 하나님과 사람을 기쁘게 하는 내 포도주를 내가 어찌 버리고 가서 나무들 위에 우쭐대리요 한지라

감람유와 포도주는 하나님과 사람을 영화롭게 하고 기쁘게 합니다. 환난 중에 식량은 기근이 들어도, 하나님을 영화롭게 하는 일이나 사람을 기쁘게 하는 일에는 기근이 없다는 것입니다. 환난과 핍박 중에도 성도가 하나님을 영화롭게 하는 일에는 기근이 있을 수 없고, 적그리스도를 따르는 자들이 사람을 기쁘게 하는 일에는 영향을 받지 않는다는 말이 됩니다. 어려운 환경에서는 하나님을 영화롭게 할 수 없다고 말하면 안 됩니다. 대환난 기간 중에서도 성도는 성령님의 도우심을 받아 하나님을 영화롭게 할 수 있음을 알고 담대하게 믿음을 지키며 예배하도록 해야 합니다. 하나님을 영화롭게 할 것인지, 사람을 기쁘게 할 것인지는 자신이 선택하는 것이며 또한 결과도 자신이 책임지게 됩니다.

6. 넷째 인 - 전염병

> 계 6:7 넷째 인을 떼실 때에 내가 넷째 생물의 음성을 들으니 말
> 하되 오라 하기로
> 계 6:8 내가 보매 청황색 말이 나오는데 그 탄 자의 이름은 사망
> 이니 음부가 그 뒤를 따르더라 그들이 땅 사분의 일의 권세를 얻
> 어 검과 흉년과 사망과 땅의 짐승들로써 죽이더라

넷째 인을 떼니 〈청황색 말〉이 나옵니다. 청황색은 전염병과 시체의 색
입니다. 전쟁으로 죽은 자가 많고 기근으로 죽은 자도 많이 있습니다.
그래서 전염병이 만연하여 더 많은 사람들이 죽게 될 것입니다.

앞선 네 말의 설명이 끝나고, 검과 흉년과 사망과 땅의 짐승이 열거되어
있습니다. 즉 붉은 말은 검을, 검은 말은 흉년을, 청황색 말은 사망을 의
미한다고 했을 때, 흰 말은 땅의 짐승으로 연결됩니다. 그러므로 앞서 흰
말 탄 자는 짐승입니다. 그들은 대환난이 시작되면 땅 사분의 일의 권세
를 얻고, 많은 사람들을 죽일 것입니다.

7. 다섯째 인 - 순교자의 호소

> 계 6:9 다섯째 인을 떼실 때에 내가 보니 하나님의 말씀과 그들이
> 가진 증거로 말미암아 죽임을 당한 영혼들이 제단 아래에 있어
> 계 6:10 큰 소리로 불러 이르되 거룩하고 참되신 대주재여 땅에

거하는 자들을 심판하여 우리 피를 갚아 주지 아니하시기를 어느
때까지 하시려 하나이까 하니

계 6:11 각각 그들에게 흰 두루마기를 주시며 이르시되 아직 잠시
동안 쉬되 그들의 동무 종들과 형제들도 자기처럼 죽임을 당하여
그 수가 차기까지 하라 하시더라

　다섯째 인은 단지 재앙이 아닙니다. 대환난 기간 동안에 '많은 순교자
가 일어나게 됨'을 보여줍니다. 그러나 피 흘린 순교자들은 하나님께 당
당하게 큰 소리로 우리의 피를 갚아달라고 요구합니다. 하나님께서는 순
교자들에게 '흰 옷(두루마기)'을 주시고는 순교자의 수가 차기까지 쉬며 기
다리라고 하십니다. 이는 재앙이 아니라 도리어 순교자가 받을 상과 영
광을 생각하게 합니다. 우리는 순교자의 수가 차기까지 순교자의 반열에
참여하기를 소망하는 것이 마땅합니다.

8. 여섯째 인 - 하나님의 진노

계 6:12 내가 보니 여섯째 인을 떼실 때에 큰 지진이 나며 해가 검
은 털로 짠 상복 같이 검어지고 달은 온통 피 같이 되며
계 6:13 하늘의 별들이 무화과나무가 대풍에 흔들려 설익은 열매
가 떨어지는 것 같이 땅에 떨어지며
계 6:14 하늘은 두루마리가 말리는 것 같이 떠나가고 각 산과 섬
이 제 자리에서 옮겨지매
계 6:15 땅의 임금들과 왕족들과 장군들과 부자들과 강한 자들과

모든 종과 자유인이 굴과 산들의 바위 틈에 숨어

계 6:16 산들과 바위에게 말하되 우리 위에 떨어져 보좌에 앉으
신 이의 얼굴에서와 그 어린양의 진노에서 우리를 가리라

계 6:17 그들의 진노의 큰 날이 이르렀으니 누가 능히 서리요 하
더라

여섯째 인을 떼실 때는 큰 지진이 일어나고 산과 섬이 제자리에서 옮겨
지는 등, 일곱째 나팔 재앙, 즉 '대접 재앙'의 모습과 매우 흡사합니다. 앞
서 '일곱 인'은 환난이 시작된 것이 아니라 대환난 기간 전체를 개관해 준
다고 하였는데, 이 여섯째 인은 대환난 기간의 아주 끝 부분에 있을 〈어린
양의 진노〉를 보여주고 있습니다. 후반부에서 다시 다루겠지만 '여섯째
인'은 '일곱째 나팔'이 울린 후의 상황이며, 성도의 휴거 후 하늘에 들려 올
라가지 못한 '땅에 속한 자들'이 하나님의 큰 진노를 당하는 때의 현상을
보여줍니다.

요한계시록 7장
십사만 사천 - 성도의 보호

6장에서 여섯째 인을 떼신 어린양이 일곱째 인을 떼시는 장면은 8장에 나옵니다. 그래서 많은 분들이 계시록 7장을 삽입장이라고 말합니다. 그러나 이 계시록 7장은 마지막 인을 떼시기 전, 즉 두루마리가 펼쳐지고 실제적 재앙이 시작되기 전에, 택한 백성들의 이마에 인 치시는 장면을 보여주는 것입니다. 즉 세상 끝까지 복음이 전해졌기에 마지막 이레가 시작되는 것입니다. 그리고 모든 택자를 장성한 자로 양육하시기 위하여 대환난을 거치게 하십니다. 그리고 후반부에서는 이 기간 동안 성도들이 어떻게 보호받고 양육받는지도 보여줍니다.

1. 환난 전에 종들에게 인 치심

계 7:1 이 일 후에 내가 네 천사가 땅 네 모퉁이에 선 것을 보니 땅의 사방의 바람을 붙잡아 바람으로 하여금 땅에나 바다에나 각종 나무에 불지 못하게 하더라
계 7:2 또 보매 다른 천사가 살아 계신 하나님의 인을 가지고 해 돋는 데로부터 올라와서 땅과 바다를 해롭게 할 권세를 받은 네

천사를 향하여 큰 소리로 외쳐

계 7:3 이르되 우리가 우리 하나님의 종들의 이마에 인치기까지
땅이나 바다나 나무들을 해하지 말라 하더라

바람을 붙잡아 불지 못하게 하는 것은 아직 환난이 시작되지 않았다는 것입니다. 즉 대환난 시작 직전의 상황입니다. 재앙은 〈하나님의 종들의 이마에 인치기〉 전에는 시작되지 않습니다. 앞서 계시록의 〈종들〉은 주님을 믿는 모든 성도라고 하였습니다. 모든 민족에게 복음이 증거되어, 모든 택한 백성이 하나님의 인을 받고 나서야 비로소 나팔이 울리며 대환난이 시작되는 것입니다. 그러므로 7장은 삽입장이 아니라 가장 적절한 곳에 위치한 것입니다.

이로써 택자에게 인치는 작업이 끝났기 때문에, 일단 재앙이 시작되면 더 이상 전도로 새롭게 믿음을 갖는 사람은 없습니다. 대환난은 이 하나님의 어린 자녀들이 양육받아 장성한 아들이 되는 기간입니다.

2. 십사만 사천

계 7:4 내가 인침을 받은 자의 수를 들으니 이스라엘 자손의 각
지파 중에서 인침을 받은 자들이 십사만 사천이니

계시록 7장의 14만 4천은 모든 영적 이스라엘, 곧 모든 하나님의 백성을 나타내는 상징적인 표현입니다. 혈통적 유대인이 될 수 없는 것은 이스라엘 12지파의 이름이 다르기 때문입니다. 단 지파가 빠지고 레위 지파

가 들어갔으며 에브라임의 이름이 빠지고 요셉의 이름이 기록되었습니다. 또한 이미 유대인과 이방인을 차별하지 않으시는[41] 하나님께서 마지막 때 차별하신다는 것은 납득이 되지 않습니다. 그러므로 14만 4천은 '모든 영적 이스라엘', '구약과 신약의 모든 성도'로 보는 것이 마땅합니다.

3. 환난은 흰 옷을 준비하는 기간

> 계 7:13 장로 중 하나가 응답하여 나에게 이르되 이 흰 옷 입은 자들이 누구며 또 어디서 왔느냐
> 계 7:14 내가 말하기를 내 주여 당신이 아시나이다 하니 그가 나에게 이르되 이는 큰 환난에서 나오는 자들인데 어린양의 피에 그 옷을 씻어 희게 하였느니라

환난을 이기고 나오는 자들은 〈흰 옷〉이 준비됩니다. 이들은 〈큰 환난〉에서도 〈어린양의 피에 그 옷을 씻어 그 옷을 희게〉 할 수 있었습니다. 성도에게 〈큰 환난〉은 반드시 있습니다. 환난을 통하여 믿음이 자라고 장성한 자가 되기 때문입니다. 환난을 이기고 나오는 자들이 능히 셀 수 없는 큰 무리[42]인 것을 보면, 성도들이 얼마든지 이길 수 있음을 알아야 합니다. 환난을 두려워할 것이 아니라 회개하며 담대히 감당하도록 합시다.

---

41) (골 3:11) 거기에는 헬라인이나 유대인이나 할례파나 무할례파나 야만인이나 스구디아인이나 종이나 자유인이 **차별이 있을 수 없나니** 오직 그리스도는 만유시요 만유 안에 계시니라
42) (계 7:9) 이 일 후에 내가 보니 각 나라와 족속과 백성과 방언에서 **아무도 능히 셀 수 없는 큰 무리**가 나와 흰 옷을 입고 손에 종려 가지를 들고 보좌 앞과 어린양 앞에 서서

4. 환난 중의 예배

> 계 7:15 그러므로 그들이 하나님의 보좌 앞에 있고 또 그의 성전
> 에서 밤낮 하나님을 섬기매 보좌에 앉으신 이가 그들 위에 장막
> 을 치시리니

15절은 대환난 기간의 일입니다. 성도들은 환난 중에 성전에서 밤낮 하나님을 섬깁니다. 〈섬기매〉란 단어는 [λατρευουσιν_라트류우신]으로, [λατρευω_라트류오 : 예배하다]의 {직설법/현재/능동태/3인칭/복수}입니다. 그 흰 옷 입은 자들은 큰 환난 중에도 성전에서 밤낮으로 하나님께 "예배하고 있었다"는 것입니다. 그런데 7장의 이 "예배하는" 때를 휴거 후의 〈새 하늘과 새 땅〉으로 보는 사람들이 있는데 그렇지 않습니다.

> 계 21:1 또 내가 새 하늘과 새 땅을 보니 처음 하늘과 처음 땅이 없
> 어졌고, 바다도 다시 있지 않더라
> 계 21:22 성 안에서 내가 성전을 보지 못하였으니 이는 주 하나님
> 곧 전능하신 이와 및 어린양이 그 성전이심이라
> 계 21:23 그 성은 해나 달의 비침이 쓸 데 없으니 이는 하나님의
> 영광이 비치고 어린양이 그 등불이 되심이라

21장에는 새 하늘과 새 땅이 나옵니다. 이때에는 바다도, 성전도 있지 않습니다. 해와 달도 없으니 밤낮도 없습니다. 처음 것이 모두 지나갔습니다. 그런데 본문의 (계 7:15)에는 〈성전〉도, 〈밤낮〉도 아직 그대로 있으니, 21장의 신천신지를 말하는 것이 아닙니다. 대환난 중에 '예배하는 성

도들'을 하나님께서 보호하신다는 말씀입니다.

다시 15절에서 이들은 〈그의 성전〉에서 예배하는데, 이때 〈성전〉은 [ναος_나오스]입니다. 이 [ναος_나오스]는 건물 성전이 아니라 '마음의 성전'을 가리키는 말입니다. 성도가 있는 곳이 성전이며, 성도는 또한 〈제사장〉입니다. [43] 그러므로 성도는 환난 때에도 어디서든지, 언제든지 예배할 수 있습니다. 〈보좌에 앉으신〉 주님께서 성전에서 밤낮으로 하나님을 섬기며 예배하는 자들 위에 〈장막〉을 쳐 주십니다.

5. 장막으로 보호하심

계7:15 그러므로 그들이 하나님의 보좌 앞에 있고 또 그의 성전에서 밤낮 하나님을 섬기매 보좌에 앉으신 이가 그들 위에 장막을 치시리니
계7:16 그들이 다시는 주리지도 아니하며 목마르지도 아니하고 해나 아무 뜨거운 기운에 상하지도 아니하리니

하나님께서는 환난 중에도 늘 성전에서 예배하는 자들 위에 〈장막〉을 치시고 〈해나 아무 뜨거운 기운에 상하지〉 않게 하십니다. 헬라어로는 "그들 위에 해나 아무 뜨거운 기운이 결코 떨어지지 않는다"는 뜻입니다. 뿐만 아니라 〈장막〉 아래 있는 그들은 다시는 〈주리지도〉, 〈목마르

---

43) (계 1:6) 그의 아버지 하나님을 위하여 우리를 나라와 **제사장**으로 삼으신 그에게 영광과 능력이 세세토록 있기를 원하노라 아멘

지도〉 않습니다. 〈어린양〉이 인도하시기 때문입니다. 이 말씀을 붙들고 성도들은 환난과 박해에도, 전쟁 중에도 주의 날을 기억하며 예배합니다. 인내의 말씀을 지키는 자, 예배하는 자들 위에 하나님께서 장막을 치시고 보호하십니다.

6. 어린양의 인도하심

1) 〈그들의 목자가 되사〉

> 계 7:17 이는 보좌 가운데에 계신 어린양이 그들의 목자가 되사
> 생명수 샘으로 인도하시고 하나님께서 그들의 눈에서 모든 눈물
> 을 씻어 주실 것임이라

17절의 〈목자가 되사〉는 [ποιμανει_포이마네이]라는 동사임에도 〈목자〉라는 명사같이 번역되어 아쉽습니다. [ποιμανει_포이마네이]는 [ποιμαινω_포이마이노]의 [직설법/미래/능동태/3인칭/단수]로, 그 뜻은 [먹이다, 양을 지키다, 다스리다]입니다. 〈목자가 되사〉는 '양떼와 같은 우리를 돌보신다'는 의미는 전달해주지만 "지키다"라는 동사의 의미가 약해집니다. 그러므로 〈보좌 가운데 계신 어린양이〉 "목자와 같이 그들을 지키시고"로 이해하는 것이 좋겠습니다.

2) 〈생명수 샘으로 인도하시고〉

보좌에 계신 〈어린양〉이 목자와 같이 우리를 돌보시고, 〈생명수 샘으로 인도하〉신다고 했습니다. 그런데 이 대목은 우리말로 〈어린양〉이 우리를 〈생명수 샘〉이 있는 곳으로 인도하시는 것이라 이해됩니다. 그러나 〈생명수 샘으로〉의 헬라어 [ἐπι ζωσας πηγας ὑδατων_에피 조사스 페가스 휘다톤]에서 전치사는 [ἐπι_에피]로, 영어로는 'on'이라는 전치사입니다. 그러므로 이 부분은 〈생명수 샘으로〉가 아니라 "생명수 샘 위에서"라고 번역되어야 합니다. 다시 말해 '우리에게 생명수가 없어서' 길을 인도하시는 것이 아니라, 이미 솟아나는 "그 샘 위에서" 우리를 인도하신다는 것입니다. 그 〈어린양〉을 예배하는 자는 언제든지 이 샘물을 공급받기 때문에 다시 목마르지 않습니다. 어린양이 목자와 같이 지키시며 생명수 샘 위에서 우리를 인도하시므로 우리는 어디로 가든지 생명 있는 새 힘을 공급받을 수 있고 소망이 있음을 기억해야 합니다.

요한계시록 8장

나팔 재앙

1. 일곱째 인과 나팔 재앙의 시작

계 8:1 일곱째 인을 떼실 때에 하늘이 반 시간쯤 고요하더니
계 8:2 내가 보매 하나님 앞에 일곱 천사가 서 있어 일곱 나팔을 받
았더라

이제 어린양이 봉인된 두루마리의 〈일곱째 인〉을 떼십니다. 일곱 인이
모두 떼어지자, 재앙의 두루마리가 이제 펼쳐지는 것입니다. 그리고 일곱
천사가 〈일곱 나팔〉을 받고 불기를 준비합니다. 대환난의 시작은 이 '나
팔 재앙'부터 시작되는 것으로 보아야 합니다.

나팔 재앙은 나팔을 불어서 성도에게 재앙을 대비하도록 알려주는 것
입니다. 〈나팔〉을 분다고 하니 구약의 '나팔절'과 함께 '속죄일'과 '장막
절'이 연상됩니다. 구약의 유대인들은 나팔절의 '나팔 소리'를 듣고 장막
절에 참여할 수 있도록 속죄일을 준비했습니다. 구약의 장막절은 마지
막 때의 '천년왕국'을 상징하는데, 나팔 소리를 듣고 스스로 겸비하며 회
개하는 성도가 천년왕국에 참여하게 됩니다. 그러므로 대환난 기간 동안
일곱 나팔 소리를 듣는 성도들은 곧 재앙이 있을 것을 알고 말씀을 따라

회개하며 자신을 준비합니다. 이 나팔 재앙은 성도가 깨어 기도하게 하는 참으로 중요한 과정입니다. 또한 빛나는 흰 세마포를 준비케 하시는 하나님의 은혜입니다 그러므로 성도는 나팔 소리를 듣고 두려워할 것이 아니라 믿음으로 감사하며 자신을 돌아보아야 합니다.

2. 성도의 기도

> 계 8:3 또 다른 천사가 와서 제단 곁에 서서 금 향로를 가지고 많은 향을 받았으니 이는 모든 성도의 기도와 합하여 보좌 앞 금 제단에 드리고자 함이라
> 계 8:4 향연이 성도의 기도와 함께 천사의 손으로부터 하나님 앞으로 올라가는지라

재앙이 시작되기 전, 향연이 〈성도의 기도〉와 함께 하나님 앞으로 올라갑니다. 재앙의 나팔은 성도들의 기도에 맞추어서 울립니다. 하나님께서 소돔과 고모라를 심판하실 때에도 아브라함의 기도에 맞추어 롯을 구하시면서 심판하셨습니다. 롯이 소알성에 들어가기까지 재앙이 늦춰진 것 같이 심판도 성도의 때에 맞추어 내리십니다. 대환난 기간에도 하나님께서는 성도의 기도를 들으시고 뜻을 이루시며 역사하십니다.

3. 네 나팔

계 8:7 첫째 천사가 나팔을 부니 피 섞인 우박과 불이 나와서 땅에 쏟아지매 땅의 삼분의 일이 타 버리고 수목의 삼분의 일도 타 버리고 각종 푸른 풀도 타 버렸더라

계 8:8 둘째 천사가 나팔을 부니 불 붙는 큰 산과 같은 것이 바다에 던져지매 바다의 삼분의 일이 피가 되고

계 8:9 바다 가운데 생명 가진 피조물들의 삼분의 일이 죽고 배들의 삼분의 일이 깨지더라

계 8:10 셋째 천사가 나팔을 부니 횃불 같이 타는 큰 별이 하늘에서 떨어져 강들의 삼분의 일과 여러 물샘에 떨어지니

계 8:11 이 별 이름은 쓴 쑥이라 물의 삼분의 일이 쓴 쑥이 되매 그 물이 쓴 물이 되므로 많은 사람이 죽더라

계 8:12 넷째 천사가 나팔을 부니 해 삼분의 일과 달 삼분의 일과 별들의 삼분의 일이 타격을 받아 그 삼분의 일이 어두워지니 낮 삼분의 일은 비추임이 없고 밤도 그러하더라

첫째 나팔로 〈땅〉과 수목의 삼분의 일이, 둘째 나팔로 〈바다〉의 삼분의 일이, 셋째 나팔로 〈강〉과 물의 삼분의 일이, 그리고 넷째 나팔이 울림으로 〈해〉와 달과 별의 삼분의 일이 타격을 받습니다.

특히 셋째 나팔 소리에 '교회의 큰 타락'이 있음을 알아야 합니다. 나팔이 울리자 땅과 바다와 하늘에서 큰 재앙이 일어나므로 많은 사람들이 죽고 동요합니다. 그런데 이때 교회에도 〈횃불 같이 타는 큰 별〉, 곧 큰 영적 지도자가 타락하고 배도하는 일이 크게 일어납니다. 교회가 잘못된

교훈을 가르치고 또한 그를 따라가는 사람들도 많이 일어나 교회 삼분의 일이 배도하고 믿음을 버리는 일이 일어납니다. 그러므로 성도는 성경 지식을 갖추어 이것이 〈쓴 쑥〉이 떨어진 죽음의 물인지, 생명의 〈물샘〉인지 분별할 줄 알아야 합니다. 그렇지 않으면 속아서 생명수가 아닌 〈쓴 물〉을 먹고 많은 사람이 죽습니다.

첫째~넷째 나팔은 대환난 초반의 환경재앙이 되겠습니다. 이러한 일들이 일어나면 사람들은 두려움 때문에 더욱 우상을 섬기고 의지할 것입니다. 그러나 성도들은 나팔들이 울렸음을 인식하고 더욱 속죄하며 장막절을 준비해야 합니다. 아직 남은 세 나팔이 남아있기 때문입니다.

4. 화, 화, 화를 당하는 자들

1) 〈땅에 사는 자들〉

> 계 8:13 내가 또 보고 들으니 공중에 날아가는 독수리가 큰 소리로 이르되 땅에 사는 자들에게 화, 화, 화가 있으리니 이는 세 천사들이 불어야 할 나팔 소리가 남아 있음이로다 하더라

네 나팔이 울린 후, 공중의 독수리가 〈화, 화, 화〉, 즉 남은 세 천사가 불 나팔이 더 있음을 알리며 계시록 8장이 마무리됩니다.

이 〈화, 화, 화〉는 〈땅에 사는 자들에게〉 있습니다. 여기서 [τοις κατοικουσιν_토이스 카토이쿠신]을 살펴보면, '살다'라는 동사 [κατοικεω_카토이케오]가 [분사/현재/능동태/남성/복수/여격]로 쓰였

고, 이 (분사)에 정관사 [τοις_토이스]가 붙어서 "살고 있는 사람들"이 됩니다. 그런데 이 동사는 특별히 '영원히 거한다'는 의미를 포함합니다. 즉 [τοις κατοικουσιν ἐπι της γης_토이스 카토이쿠신 에피 테스 게스]는 "땅에서 영원히 살 줄로 생각하고 살아가는 사람들에게"라는 의미가 되겠습니다. 이러한 사람들에게 나머지 나팔의 〈화, 화, 화〉가 있다는 것입니다.

그러나 천국을 소망하는 성도는 땅에서 잠시 나그네로 살아갑니다. 하늘에 속하여 본향을 바라며 살아가는 사람, 주의 인내의 말씀을 지키는 사람은 이것이 〈화〉가 아니라는 것입니다.

그럼 계시록에 반복적으로 등장하는 〈땅에 사는 자들〉을 살펴보겠습니다.

① 계 3:10
　계 3:10 네가 나의 인내의 말씀을 지켰은즉 내가 또한 너를 지켜 시험의 때를 면하게 하리니 이는 장차 온 세상에 임하여 땅에 거하는 자들을 시험할 때라[τους κατοικουντας ἐπι της γης]

재앙은 〈땅에 거하는 자들〉을 심판하기 위함입니다. 짐승의 미혹에도 주의 인내의 말씀을 지킨 백성은 시험의 때 동안에 하나님께서 지켜주십니다.

② 계 6:10
　계 6:10 큰 소리로 불러 이르되 거룩하고 참되신 대주재여 땅에

거하는 자들을[τῶν κατοικούντων ἐπὶ τῆς γῆς] 심판하여 우리 피를 갚아 주지 아니하시기를 어느 때까지 하시려 하나이까 하니

순교자들은 자신들의 피를 갚아 〈땅에 거하는 자들〉을 심판해 달라고 거룩하신 대주재께 큰 소리로 부르짖습니다. 〈땅에 거하는 자들〉이 성도들을 죽였습니다.

③ 계 8:13

계 8:13 내가 또 보고 들으니 공중에 날아가는 독수리가 큰 소리로 이르되 땅에 사는 자들에게[τοῖς κατ οἰκοῦσιν ἐπὶ τῆς γῆς] 화, 화, 화가 있으리니 이는 세 천사들이 불어야 할 나팔 소리가 남아 있음이로다 하더라

앞서 살핀 바와 같이 〈땅에 사는 자들에게〉 세 〈화〉, 즉 다섯째, 여섯째, 일곱째 나팔의 재앙이 있습니다.

④ 계 11:10

계 11:10 이 두 선지자가 땅에 사는 자들을[τοὺς κατοικοῦντας ἐπὶ τῆς γῆς] 괴롭게 한 고로 땅에 사는 자들이[οἱ κατοικοῦντες ἐπὶ τῆς γῆς] 그들의 죽음을 즐거워하고 기뻐하여 서로 예물을 보내리라 하더라

〈땅에 사는 자들〉은 두 증인의 순교를 보고 즐거워하고 기뻐합니다.

⑤ 계 13:8

계 13:8 죽임을 당한 어린양의 생명책에 창세 이후로 이름이 기록되지 못하고 이 땅에 사는 자들은[οἱ κατοικουντες] 다 그 짐승에게 경배하리라

〈이 땅에 사는 자들〉은 그 짐승을 놀랍게 여기고 감탄하여 경배하는 자들입니다.

⑥ 계 13:12, 14

계 13:12 그가 먼저 나온 짐승의 모든 권세를 그 앞에서 행하고 땅과 땅에 사는 자들을[τους κατοικου ντας] 처음 짐승에게 경배하게 하니 곧 죽게 되었던 상처가 나은 자니라

계 13:14 짐승 앞에서 받은 바 이적을 행함으로 땅에 거하는 자들을[τους κατοικουντας ἐπι της γης] 미혹하며 땅에 거하는 자들에게[τοις κατοικουσιν ἐπι της γης] 이르기를 칼에 상하였다가 살아난 짐승을 위하여 우상을 만들라 하더라

〈땅에 거하는 자들〉은 바다에서 올라온 짐승[44)]에게 경배하며, 이적을 행하는 그를 위하여 우상을 만듭니다.

⑦ 계 17:2

계 17:2 땅의 임금들도 그와 더불어 음행하였고 땅에 사는 자들도

---

44) (계 13:1) 내가 보니 바다에서 한 짐승이 나오는데 뿔이 열이요 머리가 일곱이라 그 뿔에는 열 왕관이 있고 그 머리들에는 신성 모독하는 이름들이 있더라

[οἱ κατοικουντες την γην] 그 음행의 포도주에 취하였다 하고

〈땅에 사는 자들〉은 많은 물 위에 앉은 음녀의 음행의 포도주에 취하였습니다. 성도는 성결하게 생활해야 합니다.

⑧ 계 17:8

계 17:8 네가 본 짐승은 전에 있었다가 시방 없으나 장차 무저갱으로부터 올라와 멸망으로 들어갈 자니 땅에 사는 자들로서[οἱ κατοικουντες ἐπι της γης] 창세 이후로 생명책에 기록되지 못한 자들이 이전에 있었다가 지금은 없으나 장차 나올 짐승을 보고 놀랍게 여기리라

〈땅에 사는 자들〉은 짐승을 보고 놀랍게 여기며 경배합니다. 생명책에 이름이 기록된 성도는 적그리스도를 보고 놀라 경배하는 것이 아니라 하나님의 말씀이 이루어지는 것을 깨닫고 더욱 깨어 있어야 합니다.

요한계시록 9장
황충 재앙과 유브라데 전쟁

1. 다섯째 나팔 - 첫째 화 : 황충 재앙

> 계 9:1 다섯째 천사가 나팔을 불매 내가 보니 하늘에서 땅에 떨어진 별 하나가 있는데 그가 무저갱의 열쇠를 받았더라
>
> 계 9:3 또 황충이 연기 가운데로부터 땅 위에 나오매 그들이 땅에 있는 전갈의 권세와 같은 권세를 받았더라
>
> 계 9:4 그들에게 이르시되 땅의 풀이나 푸른 것이나 각종 수목은 해하지 말고 오직 이마에 하나님의 인침을 받지 아니한 사람들만 해하라 하시더라
>
> 계 9:5 그러나 그들을 죽이지는 못하게 하시고 다섯 달 동안 괴롭게만 하게 하시는데 그 괴롭게 함은 전갈이 사람을 쏠 때에 괴롭게 함과 같더라
>
> 계 9:6 그 날에는 사람들이 죽기를 구하여도 죽지 못하고 죽고 싶으나 죽음이 그들을 피하리로다

다섯째 나팔 재앙은 〈첫째 화〉로, 흔히 '황충 재앙'이라 불립니다. 셋째 나팔이 울렸을 때 하늘에서 떨어진 큰 별, 곧 배도한 목회자가 무저갱을

열어 이 〈황충〉이 나오도록 돕습니다. 황충은 〈전갈이 사람을 쏠 때〉와 같이 괴롭게 합니다. 사람들은 죽기를 원하지만 〈죽음이 그들을 피하리〉라 하였습니다. 이 〈첫째 화〉는 후삼년 반이 되기 전에 〈다섯 달 동안〉이나 지속됩니다. 하지만 '황충 재앙'은 〈오직 하나님의 인침을 받지 아니한 사람들만〉 해를 당한다고 했습니다. 그런데 이 〈하나님의 인침 받지 아니한 사람들〉은 '택함 받지 않은' 불신자라는 의미가 아닙니다. 헬라어 원문은 그렇게 말하고 있지 않습니다. 이 부분을 헬라어로 보도록 하겠습니다.

1) 〈하나님의 인침을 받지 아니한 사람들〉

> 계 9:4 그들에게 이르시되 땅의 풀이나 푸른 것이나 각종 수목은 해하지 말고 오직 이마에 하나님의 인침을 받지 아니한 사람들만 해하라 하시더라

* 〈오직 이마에 하나님의 인침을 받지 아니한 사람들만〉
[οἵτινες οὐκ ἔχουσιν την σφραγιδα του θεου]
　사람들　 not　소유하다　　 인을　　 하나님의

4절에서 〈인침을 받지 아니한〉의 헬라어에는 '인 치다' 또는 '인 받다'라는 동사가 없습니다. 다만 동사 [ἔχω_에코 : have]의 {직설법/현재/능동태/3인칭/복수} [ἔχουσιν_에쿠신]이 쓰였을 뿐입니다. 이는 [가지다, 소유하다]라는 동사의 {직설법/현재}로, "현재 이마에 인을 갖고 있지 않은", "지금 이마에 인이 없는" 자들을 말합니다. 즉 4절의 말씀은 "현재 이

마에 하나님의 인을 소유하고 있지 않은 자들만" 〈해하라〉는 의미입니다. 다시 말해, '황충 재앙'에서 해를 당하는 사람은 바로 '인을 못 받은 사람'이 아니라 "하나님의 인을 현재 가지고 있지 않은 자들"입니다.

그들은 왜 하나님의 인을 소유하지 않았을까요? 하나는 처음부터 인침을 받지 않았기 때문입니다. 또 다른 하나는 인을 가지고 있었으나, 어떠한 연유로 지워져서입니다. 그들은 박해가 있어서, 또는 거짓 선지자에게 속아서 주께 받은 인을 스스로 지워버린 사람들입니다. 다시 말해 믿음을 포기한 사람들입니다. 배도자들입니다. 타락한 사람들입니다.

그러므로 황충 재앙에서 성도가 보호를 받을 수 있는 유일한 방법은 '받은 하나님의 인을 잘 가지고 있는 것'입니다. 계시록 7장에서 성도는 이미 하나님의 인을 받았고, 가지고 있습니다. 그리고 나팔 소리를 들으며 소유한 하나님의 인을 잘 지켜야 합니다. 인을 유지 보존하는 방법은 말씀에 순종하는 것입니다. 미처 순종하지 못한 것은 회개하면 됩니다. 어린양이 어디로 인도하든지 따라가면 됩니다.[45]

우리는 계시록의 〈첫째 화〉, '황충 재앙'에서, 다른 것을 연구할 것이 아닙니다. 오직 인내의 말씀을 지켜서 이미 소유한 하나님의 인을 유지 보존할 것을 분명히 하면 됩니다.

2. 여섯째 나팔 - 둘째 화 : 유브라데 전쟁

〈둘째 화〉는 (계 9:13)의 여섯째 나팔을 시작으로 (계 11:14)에서 끝이 납

---

45) (계 14:4) 이 사람들은 여자와 더불어 더럽히지 아니하고 순결한 자라 **어린양이 어디로 인도하든지 따라가는 자며** 사람 가운데에서 속량함을 받아 처음 익은 열매로 하나님과 어린양에게 속한 자들이니

니다. 그리고 (계 11:15)에서 일곱째 나팔이 울립니다. 그런데 일곱째 나팔의 '대접 재앙'은 16장이 되어서야 나옵니다. 그러므로 '시간의 흐름이 없는' 10장부터 15장 사이의 내용을 판단할 때에는 그 내용을 두고 판단해야 합니다. 계 9장 후반부는 〈둘째 화〉의 내용이고, 10장은 〈펴 놓인 작은 책〉으로 〈둘째 화〉 기간 동안 활동할 〈두 증인〉을 준비하시는 장면이고, 11장은 〈천이백육십 일〉[46] 동안 활동하는 두 증인의 모습이 나타납니다. 반면 12장은 〈한 때와 두 때와 반 때〉[47]에 광야에서 양육 받는 성도의 모습이, 13장은 역시 그 둘째 화 기간, 즉 〈마흔두 달〉[48]간 세계 정권을 잡은 적그리스도의 활동이 기록되어 있습니다. 그리고 나서 14장은 성도의 휴거 및 성도와 악인의 〈추수〉가, 15장은 〈유리 바다〉 위의 성도가 구원과 승리의 기쁨으로 찬양하는 장면이 담겨 있습니다.

1) 둘째 화의 목적

> 계 9:13 여섯째 천사가 나팔을 불매 내가 들으니 하나님 앞 금 제
> 단 네 뿔에서 한 음성이 나서
> 계 9:14 나팔 가진 여섯째 천사에게 말하기를 큰 강 유브라데에
> 결박한 네 천사를 놓아 주라 하매

〈둘째 화〉, 곧 〈여섯째 나팔〉은 전체 대환난 기간의 '후삼년 반'의 시작

---

46) (계 11:3) 내가 나의 두 증인에게 권세를 주리니 그들이 굵은 베옷을 입고 **천이백육십 일**을 예언하리라
47) (계 12:14) 그 여자가 큰 독수리의 두 날개를 받아 광야 자기 곳으로 날아가 거기서 그 뱀의 낯을 피하여 **한 때와 두 때와 반 때**를 양육 받으매
48) (계 13:5) 또 짐승이 과장되고 신성 모독을 말하는 입을 받고 또 **마흔두 달** 동안 일할 권세를 받으니라

입니다. 첫째 나팔부터 다섯째 나팔이 '전삼년 반'의 기간을 차지하는데, 〈첫째 화〉는 이 '전삼년 반'의 후반 5개월간 황충 재앙이 지속되다가 지나갑니다. 그 후 〈둘째 화〉는 '후삼년 반'의 기간동안 일어나며, 〈큰 강 유브라데〉에 사람 삼분의 일을 죽이는 천사가 놓여 '유브라데 전쟁'이 있을 것입니다.

한편 〈둘째 화〉는 (계 9:13)에서 시작하지만, 둘째 화가 마쳤다는 말은 (계 11:14)에 나옵니다. 그러므로 〈둘째 화〉 기간 동안 벌어지는 재앙은 계시록 9장 중반부터 11장 중반(계 9:13-11:14)에 걸쳐 나타납니다. 그러나 〈둘째 화〉의 기간 '3년 6개월'이 드러나는 12장과 13장 역시 〈둘째 화〉 때의 일임을 알 수 있습니다 이것을 분명히 기억하면서, 〈둘째 화〉의 내용을 살펴보도록 합시다.

> 계 9:15 네 천사가 놓였으니 그들은 그 년 월 일 시에 이르러 사람 삼분의 일을 죽이기로 준비된 자들이더라

둘째 화의 재앙은 〈사람 삼분의 일을 죽이〉는 것이 목적입니다. 왜 3분의 1을 죽여야 하는가? 인 재앙에서 예고된 바와 같이, 대환난 동안 전쟁이 계속해서 일어납니다. 전염병도 돌고 농사도 어려워 기근이 일어나고 식량이 부족하게 됩니다. 이러한 모든 문제를 해결할 수 없어 사람들은 적그리스도에게 세계를 다스릴 권세를 줍니다. 그러나 〈마흔두 달〉 동안 이 땅을 다스리는 그의 해결 방법은 전쟁으로 〈사람 삼분의 일을 죽이〉는 것입니다. 이러한 상황에서 성도는 어떻게 보호받을 수 있을까요?

2) 둘째 화에서 보호받는 방법

하나님께서는 이미 〈첫째 화〉에서도 백성을 보호하여 주셨습니다 아마도 〈둘째 화〉는 재앙의 강도가 더욱 강할 터인데, 하나님의 보호하심이 없으면 우리는 견딜 수 없습니다. 〈첫째 화〉에서 '하나님의 인을 보유하는 자'가 보호받는 것을 분명히 했습니다. 〈둘째 화〉에서도 하나님께서 보호해 주시는 길은 다음 말씀에서 살펴볼 수 있습니다.

> 계 9:20 이 재앙에 죽지 않고 남은 사람들은 손으로 행한 일을 회개하지 아니하고 오히려 여러 귀신과 또는 보거나 듣거나 다니거나 하지 못하는 금, 은, 동과 목석의 우상에게 절하고
> 계 9:21 또 그 살인과 복술과 음행과 도둑질을 회개하지 아니하더라

〈둘째 화〉에서 사람 3분의 1이 죽는데, 〈이 재앙에 죽지 않고 남은 자들은〉〈우상에게 절하고〉〈살인과 복술과 음행과 도둑질을〉〈회개하지〉 않았습니다. 그들은 자신이 섬기는 우상이 지켜준 것으로 생각하겠지만, 그들이 죽지 않은 것은 사실 그 죽은 사람 3분의 1에 포함되지 않았을 뿐입니다. 둘째 화로 죽은 사람이나 산 사람이나 모두 똑같이 우상을 섬기고 살인과 복술과 음행과 도둑질을 해왔기 때문입니다. 그러나 다른 이들이 재앙으로 죽는 것을 보았음에도 그 손으로 행한 일을 〈회개하지 아니하더라〉는 것입니다.

그러나, 하나님의 백성은 그들과 달리 〈회개〉합니다. 우상을 섬기지 않고, 살인과 복술과 음행과 도둑질을 행하지 않을뿐더러 그 죄를 회개

하는 자를, 하나님께서 보호하십니다. 그러면 하나님의 백성이 회개를 잘 할까요? 글쎄요. 그래서 하나님께서는 자기 백성이 회개하도록 〈두 증인〉을 준비해 주십니다. 그 내용이 이어지는 것이 바로 10장과 11장입니다.

요한계시록 10장

펴 놓인 작은 책

10장의 '펴 놓인 작은 책'과 11장의 '두 증인'은 둘째 화의 재앙이 아니라, 그 기간 동안 '하나님께서 자기 백성을 위하여 준비하시는 내용'에 대한 기록입니다. 그리고 이후 12, 13장은 둘째 화 기간 동안 '성도들이 행해야 할 내용'이 기록되어 있습니다.

1. 펴 놓인 작은 책

계 10:1 내가 또 보니 힘 센 다른 천사가 구름을 입고 하늘에서 내려오는데 그 머리 위에 무지개가 있고 그 얼굴은 해 같고 그 발은 불기둥 같으며
계 10:2 그 손에는 펴 놓인 작은 두루마리를 들고 그 오른 발은 바다를 밟고 왼 발은 땅을 밟고

머리 위에는 언약의 〈무지개〉가 있고, 땅과 바다를 밟고 있는 힘 센 천사의 손에는 봉인되지 않은, '펼쳐진 작은 책'이 있습니다. 이 〈펴 놓인 작

은 두루마리〉란, 내용이 이미 다 공개되어 '모든 사람이 알고 있다'는 의미입니다. 하나님은 그 뜻을 자기 백성들에게 드러내시기 때문에 모든 성도들은 그리스도와 마지막 때에 대한 내용을 이미 다 알고 있습니다. 그러나 내용을 안다고 해서 다 된 것이 아닙니다. 계시록에는 '믿으라'는 말이 없습니다. "지켜 행하라"고 하십니다.[49] 읽고 듣고 배워서 아는 말씀에 순종하여 행하는 것이 중요합니다. 알고 있지만 지켜 행하지 않는 자들은 회개해야 합니다.

> 계 10:4 일곱 우레가 말을 할 때에 내가 기록하려고 하다가 곧 들
> 으니 하늘에서 소리가 나서 말하기를 일곱 우레가 말한 것을 인
> 봉하고 기록하지 말라 하더라

그러나 모든 것을 아는 것은 아닙니다. 보여주시는 뜻도 있지만 인봉된 뜻도 있습니다. 하나님께서 알려 주신 것을 알고자 하는 것도 중요하지만 멈춰 서야 하는 곳도 있습니다. 〈일곱 우레가 말한 것을〉〈인봉하고 기록하지 말라〉하셨습니다. 이것까지 알려고 하는 것은 잘못된 생각입니다. 성경에는 우리가 다 이해하지 못하는 부분도 있습니다. 하나님의 비밀을 억지로 풀다가는 스스로 멸망에 빠질 수 있으니 알지 못하는 부분은 그대로 두는 것이 지혜가 됩니다. 그러나 이미 알려주신 내용은 분명히 알도록 힘쓰고, 순종하여 행해야 합니다.

---

49) (계 1:3) 이 예언의 말씀을 읽는 자와 듣는 자와 그 가운데에 기록한 것을 지키는 자는 복이 있나니 때가 가까움이라

2. 작은 책을 먹은 자는 반드시, 반복하여, 대언한다

> 계 10:8 하늘에서 나서 내게 들리던 음성이 또 내게 말하여 이르
> 되 네가 가서 바다와 땅을 밟고 서 있는 천사의 손에 펴 놓인 두루
> 마리를 가지라 하기로
> 계 10:9 내가 천사에게 나아가 작은 두루마리를 달라 한즉 천사
> 가 이르되 갖다 먹어 버리라 네 배에는 쓰나 네 입에는 꿀 같이 달
> 리라 하거늘
> 계 10:10 내가 천사의 손에서 작은 두루마리를 갖다 먹어 버리니
> 내 입에는 꿀 같이 다나 먹은 후에 내 배에서는 쓰게 되더라
> 계 10:11 그가 내게 말하기를 (δει : 반드시) 네가 많은 백성과 나라
> 와 방언과 임금에게 다시 예언하여야 하리라 하더라

사도 요한이 순종하여 〈펴 놓인 작은 두루마리〉를 먹었더니 입에서는 꿀 같이 다나 배에서는 쓰게 되었습니다. 이것은 말씀을 먹은 자가 사역할 때 고난이 있음을 보여줍니다. 이에 천사가 말하기를 〈네가 많은 백성과 나라와 방언과 임금에게 다시 예언하여야 하리라〉고 하였습니다. 말씀을 먹은 사람은 예언해야 합니다. 예언은 '대언'을 의미합니다. 보냄 받은 자로서 하나님이 하신 말씀을 전해야 하는 것입니다. 여기에서 〈다시〉라는 단어는 [παλιν_팔린]인데, [반복]을 의미합니다. 말씀을 먹은 종은 "반복하여" 예언해야 합니다. 모세가 시내산 위에서 십계명을 받을 때에도 하나님께서는 모세에게 산에서 3번이나 내려가서 경고하라고 하셨습니다.

책을 먹은 자는 하나님의 백성에게 "반복하여" 회개를 촉구하는 대언을

합니다. 그런데 여기에 또 번역이 빠진 단어가 있습니다. [반드시]라는 뜻의 [δει_데이]입니다. 그러므로 말씀을 먹은 종은 "반드시" 〈많은 백성과 나라와 방언과 임금에게〉 "반복하여" 〈예언하여야〉 할 것입니다.

작은 책을 먹으라는 말씀에 순종하여 먹은 사람은 하나님 앞에 쓰임 받게 됩니다. 목사님이 쓰임 받는 것이 아니라, '말씀을 먹은 사람'이 쓰임 받습니다. 그들이 〈두 증인〉으로 활동하는 내용이 11장으로 이어집니다.

요한계시록 11장
두 증인의 활동

1. 후삼년 반, 두 증인의 활동

1) 성전 측량

> 계 11:1 또 내게 지팡이 같은 갈대를 주며 말하기를 일어나서 하나
> 님의 성전과 제단과 그 안에서 경배하는 자들을 측량하되

11장에서는 〈성전〉을 〈측량〉합니다. 이 〈성전〉이란 단어는 [ναος_나
오스]입니다. '건물 성전'을 말할 때에는 [ἱερον_히에론]이라는 단어를 쓰
는데, 의도적으로 [ναος_나오스]를 쓴 것을 보니 이 측량 대상은 믿는
사람의 '마음의 성전'50)을 의미합니다.

> 엡 2:21 그의 안에서 건물마다 서로 연결하여 주 안에서 성전이 되어 가
> 고
> 엡 2:22 너희도 성령 안에서 하나님이 거하실 처소가 되기 위하여 예수
> 안에서 함께 지어져 가느니라

---

50) (고전 3:16) 너희는 너희가 **하나님의 성전**[ναος_나오스]인 것과 하나님의 성령이 너희 안에
계시는 것을 알지 못하느냐

에베소서는 교회론을 가르쳐 줍니다. 우리가 각각 마음의 성전을 바르게 잘 유지 보존하고 있는지 확인하는 방법은 교회에서 다른 성도와 조화를 이루어 가는가를 살피는 것입니다. 성도 간의 연합이 잘 되면 성전이 바르게 되어가는 것입니다. 그렇지 않을 때는 서로가 회개하고 고쳐가면서 함께 자라가야 하겠습니다. 〈건물마다 서로 연결하여 주 안에서〉 지어져 가는 이 성전이 온전한 성전이 되었는지를 측량하라는 말씀입니다.

성전과 제단뿐 아니라 〈경배하는 자들〉도 측량하라 하였습니다. 이 '경배하다'는 반복 또는 진행의 {분사/현재/능동태}로, "예배하고 있는 자들"을 의미합니다. 성전 안에서 예배하고 있는 자들에게 하나님께서 관심을 가지시고 도우시고 보호하십니다. 환난 중에도 예배하는 삶이 중요합니다. 주의 날을 기억하여 지키고 예배하도록 해야 합니다.

2) 성전 바깥마당 – 마흔두 달

계 11:2 성전 바깥마당은 측량하지 말고 그냥 두라 이것은 이방인에게 주었은즉 그들이 거룩한 성을 마흔두 달 동안 짓밟으리라

성전과 제단과 그 안에서 경배하는 자들을 측량하라고 하면서 〈성전 바깥마당〉은 측량하지 말라고 하십니다. 하나님께서는 성전에서 예배하는 자들에게 관심을 가지시지만 그렇지 않은 자들은 내버려 두십니다. 성전 마당까지는 왔지만 안으로 들어가 예배하지는 않고 자기 볼 일 보다가 돌아가는 사람들이 많습니다. 외형상으로는 교회에 갔다 왔다고

말하는 기독교인입니다. 다른 사람이 볼 때는 인정할 만할지 모르나 하나님께서는 이것을 구별하십니다. 마음의 성전 [ναος _나오스] 안에 들어가야, 주님과 교제가 됩니다. 그런데도 마당만 밟는 사람들도 참으로 많음을 알아야 합니다.

이 〈성전 바깥마당〉은 이방인에게 주어져, 〈마흔두 달 동안〉 짓밟힙니다. 마흔두 달은 3년 6개월로, 곧 후삼년 반의 기간입니다. 즉 11장의 〈마흔두 달〉은 둘째 화의 기간이며, 후삼년 반 동안 〈둘째 화〉를 당하는 사람들은 성전 안에 들어오지 않고 바깥마당만 밟는 자들입니다. 마당까지만 오는 자칭 '기독교인'들은 많은 어려움을 겪게 될 것입니다. 우리는 믿음 생활하면서 자신을 돌아보아야 합니다. 나는 성전 마당만 밟고 돌아가는 것이 아닌가? 성전 안에서 주님을 경배하며 교제가 되었는지 돌아보고 회개하여 온전한 예배가 되도록 자신을 확인해야 하겠습니다.

3) 두 증인 – 천이백육십 일

계 11:3 내가 나의 두 증인에게 권세를 주리니 그들이 굵은 베옷을 입고 천이백육십 일을 예언하리라

사람 삼분의 일이 죽는 둘째 화 기간은 누구에게나 참으로 견디기 어려운 시간입니다. 그러므로 하나님은 주의 〈두 증인〉을 세워 자기 백성을 회개케 하시고 보호하십니다. 앞서 10장에서 '작은 책을 먹은 자'는 "반드시, 반복하여 예언한다"고 했습니다. 입에서는 꿀 같이 달지만 배에서는 쓴 이 '작은 책'을 먹은 사람이 바로 11장의 〈두 증인〉이 됩니다.

〈굵은 베옷〉을 입은 〈두 증인〉은 회개를 촉구하는 예언을 합니다.[51]
그런데 이들이 예언하는 기간은 〈천이백육십 일〉로, 같은 '삼년 반'의 기
간인데 성전 마당만 밟는 자들에게는 〈마흔두 달〉이라고 하고, 〈두 증
인〉과 그 예언을 듣는 성도에게는 〈천이백육십 일〉이라고 하였습니다.
이것은 하나님께서 자기 백성을 하루하루 지키시며 귀하게 여기신다는
의미가 되겠습니다. 성도는 이 회개의 말씀을 들을 때에 겸손히 받아들이
고 회개해야 합니다.

4) 두 감람나무와 두 촛대

> 계 11:4 그들은 이 땅의 주 앞에 서 있는 두 감람나무와 두 촛대니
>
> 계 11:5 만일 누구든지 그들을 해하고자 하면 그들의 입에서 불이
>
> 나와서 그들의 원수를 삼켜 버릴 것이요 누구든지 그들을 해하고
>
> 자 하면 반드시 그와 같이 죽임을 당하리라

〈두 증인〉은 주 앞에 서 있는 〈두 감람나무〉와 〈두 촛대〉라고 합니다.
〈촛대〉는 '교회'를 의미하고,[52] 촛대에 기름을 공급하는 〈감람나무〉 역
시 '기름 부음을 받은 자'[53]입니다. 회개를 촉구하는 두 증인과 함께 하

---

51) (마 11:21) 화 있을진저 고라신아 화 있을진저 벳새다야 너희에게 행한 모든 권능을 두로와 시돈에서
행하였더라면 그들이 벌써 **베옷**을 입고 재에 앉아 회개하였으리라
(단 9:3) 내가 금식하며 **베옷**을 입고 재를 덮어쓰고 주 하나님께 기도하며 간구하기를 결심하고
(시 35:13) 나는 그들이 병들었을 때에 **굵은 베옷**을 입으며 금식하여 내 영혼을 괴롭게 하였더니 내
기도가 내 품으로 돌아왔도다
(욘 3:5) 니느웨 사람들이 하나님을 믿고 금식을 선포하고 높고 낮은 자를 막론하고 **굵은 베옷**을
입은지라
52) (계 1:20) 네가 본 것은 내 오른손에 일곱 별의 비밀과 또 일곱 금 촛대라 일곱 별은 일곱 교회의
사자요 **일곱 촛대는 일곱 교회니라**
53) (슥 4:11) 내가 그에게 물어 이르되 등잔대 좌우의 두 감람나무는 무슨 뜻이니까 하고
(슥 4:14) 이르되 **이는 기름 부음 받은 자 둘**이니 온 세상의 주 앞에 서 있는 자라 하더라

는 사람이 참 성도이고 또한 하나님의 보호하심을 받을 수 있습니다. 그러나 말세에 거짓 증인들도 많습니다. 성도는 말씀을 바르게 알아서, 누가 참된 증인인지 스스로 분별할 수 있어야 합니다. 〈두 증인〉을 해하고자 하는 이들이 많지만, 이들을 대적하는 자들은 〈반드시〉 죽임을 당합니다. 성도들은 이러한 사건들을 보면서 확신과 담대함을 가지고 인내해야 합니다. 에베소 교회와 같이 분별력을 갖추되 "그 중요한 사랑의 행함"도 포기하지 말아야 합니다.

5) 두 증인의 순교

> 계 11:7 그들이 그 증언을 마칠 때에 무저갱으로부터 올라오는 짐승이 그들과 더불어 전쟁을 일으켜 그들을 이기고 그들을 죽일 터인즉

〈두 증인〉은 예언하며 많은 권능을 행하다가 〈그 증언을 마칠 때〉 순교하게 될 것입니다. 무저갱에서 올라오는 짐승이 그들을 죽일 것입니다. 귀한 일꾼이 사명을 마치고 순교자의 반열에 오르는 것은 당연히 복이 됩니다. 주의 일을 하는 일꾼은 순교를 각오해야 합니다. 또한 성도는 두 증인이 죽는 것을 보고 낙심하거나 미혹되어서는 안 됩니다. 두 증인의 죽음은 '순교자의 상'을 주시기 위함이고 유익입니다. 말씀대로 끝까지 사명을 감당하고 승리한 것은 함께 순교자의 상을 크게 바라보는 이에게 큰 영광이 됩니다.

6) 땅에 사는 자들

> 계 11:10 이 두 선지자가 땅에 사는 자들을 괴롭게 한 고로 땅에
> 사는 자들이 그들의 죽음을 즐거워하고 기뻐하여 서로 예물을 보
> 내리라 하더라

두 선지자, 즉 두 증인은 〈땅에 사는 자들〉을 괴롭게 했습니다. 앞서
살펴본 것처럼, 〈땅에 사는 자들〉이란 불신자라기보다는 성전 바깥마당
만 밟고 다니는 자칭 기독교인입니다. 그들에게 회개를 촉구하는 두 증
인은 눈엣가시같이 괴로웠던 것입니다. 그래서 이들은 두 증인의 죽음을
즐거워하고 기뻐했습니다.

7) 두 증인의 부활과 승천

> 계 11:11 삼 일 반 후에 하나님께로부터 생기가 그들 속에 들어가
> 매 그들이 발로 일어서니 구경하는 자들이 크게 두려워하더라
> 계 11:12 하늘로부터 큰 음성이 있어 이리로 올라오라 함을 그들
> 이 듣고 구름을 타고 하늘로 올라가니 그들의 원수들도 구경하더
> 라

죽었던 두 증인은 〈삼 일 반 후에〉 부활합니다. 이것을 보는 원수들은
크게 두려워할 것입니다. 그러나 성도들에게는 큰 기쁨과 위로가 될 것입
니다. 성도들은 일곱째 나팔을 불 때가 매우 가까이 왔음을 깨닫고 더욱
담대해야 합니다.

단, 두 증인의 부활은 '휴거'가 아닙니다. 하늘에서 〈이리로 올라오라〉하는 음성이 들리자, 부활한 두 증인은 〈구름을 타고 하늘로 올라〉갑니다. 이때 〈올라가니〉는 [ἀνεβησαν_아네베산]으로, [ἀναβαινω_아나바이노]의 (부정과거/능동태/3인칭/복수)입니다. [위로 올라가다]라는 뜻인데 능동태로 쓰여, 이 역시 '끌어올려 가는' 휴거가 아닙니다. 예수님과 같이 부활 승천하는 것이 되겠습니다. 또한, 아직 일곱째 나팔이 울리지 않았으므로 휴거가 아닙니다.

> 계 11:14 둘째 화는 지나갔으나 보라 셋째 화가 속히 이르는도다

그리고 나서 14절에서 〈둘째 화〉가 지나갔다고 합니다. 둘째 화는 (계 9:14-11:14)이므로, 12절에서 '두 증인의 부활'은 〈둘째 화〉에서 생각하는 것이 옳습니다.

2. 일곱째 나팔

> 계 11:15 일곱째 천사가 나팔을 불매 하늘에 큰 음성들이 나서 이르되 세상 나라가 우리 주와 그의 그리스도의 나라가 되어 그가 세세토록 왕 노릇 하시리로다 하니

1) 일곱째 나팔이 울리면

둘째 화가 지나가고, 이제 일곱째 천사가 나팔을 불었습니다. 잠시 다

른 성경에서 마지막 나팔이 울리면 일어날 일을 먼저 살펴보겠습니다.

> 고전 15:51 보라 내가 너희에게 비밀을 말하노니 우리가 다 잠잘 것이
> 아니요 마지막 나팔에 순식간에 홀연히 다 변화하리니
> 고전 15:52 나팔 소리가 나매 죽은 자들이 썩지 아니할 것으로 다시 살
> 아나고 우리도 변화되리라
> 살전 4:16 주께서 호령과 천사장의 소리와 하나님의 나팔 소리로 친히
> 하늘로부터 강림하시리니 그리스도 안에서 죽은 자들이 먼저 일어나고
> 살전 4:17 그 후에 우리 살아 남은 자들도 그들과 함께 구름 속으로 끌
> 어 올려 공중에서 주를 영접하게 하시리니 그리하여 우리가 항상 주와
> 함께 있으리라

이것은 〈비밀〉인데, 특별히 알려드리겠습니다. 〈마지막 나팔〉이 울리
면, 우리는 썩지 아니할 것으로 〈순식간에 홀연히 다 변화〉합니다. 먼저
〈그리스도 안에서 죽은 자들〉이 썩지 않을 것으로 다시 살아나고, 그때
까지 살아 있는 우리도 변화되어 휴거합니다. 공중에서 주님을 맞이하고
〈항상 주와 함께〉 있게 됩니다.

2) 지금도 오시는 이

> 계 11:17 이르되 감사하옵나니 옛적에도 계셨고 지금도 계신 주
> 하나님 곧 전능하신 이여 친히 큰 권능을 잡으시고 왕 노릇 하시
> 도다

앞서 계시록 1장에서 우리는 성부 하나님께서 〈이제도 계시고 전에도 계셨고〉 "지금도 오시는 이"심을 확인했습니다. [54] 11장에서는 성부 하나님만을 가리키는 것이 아니라 성삼위 하나님을 가리키며 동일한 표현을 씁니다. 그런데 한글 성경은 〈옛적에도 계셨고 지금도 계신 주 하나님〉으로 끝나는데, 헬라어 원문에는 17절에도 (계 1:4)에서와 같이 [ὁ ὢν καὶ ὁ ἦν καὶ ὁ ερχομενος]로, 〈장차 오실 이〉로 번역된 "지금도 오시는 이"라는 부분이 더 있습니다.

아직 성도가 끌려 올려가기 전이므로, '도우러 오시는 하나님'이라는 표현이 가능한 것으로 보입니다. 그러나 이미 성도가 휴거한 16장에서는 하나님께 〈전에도 계셨고 지금도 계신〉까지만 나타나고, "지금도 오시는 이"는 사용되지 않았습니다. [55]

3) 심판하시고, 상 주시고, 멸망하실 때라

계 11:18 이방들이 분노하매 주의 진노가 내려 죽은 자를 심판하시며 종 선지자들과 성도들과 또 작은 자든지 큰 자든지 주의 이름을 경외하는 자들에게 상 주시며 또 땅을 망하게 하는 자들을 멸망시키실 때로소이다 하더라

18절에서는 '일곱째 나팔 때' 일어날 세 가지 일을 부정사로 표현했습니다. 헬라어로 보면, 세 개의 {부정사} [κριθηναι, δουναι,

---

54) (계 1:4) 요한은 아시아에 있는 일곱 교회에 편지하노니 이제도 계시고 전에도 계셨고 **장차 오실 이**[지금도 오시는 이]시며 그의 보좌 앞에 있는 일곱 영과

55) (계 16:5) 내가 들으니 물을 차지한 천사가 이르되 **전에도 계셨고 지금도 계신** 거룩하신 이여 이렇게 심판하시니 의로우시도다

διαφθειραι_크리데나이, 두나이, 디아프데이라이]가 연결되어 〈심판하시며〉, 〈상 주시며〉, 〈멸망시키실〉 때라고 했습니다. 하나님께서는 〈셋째 화〉로 땅에 속하여 믿음을 버린, 휴거하지 못한 사람들을 〈심판〉하십니다. 이들은 '대접 재앙'으로 세상과 함께 진노의 심판을 받게 됩니다. 그러나 〈셋째 화〉는 일곱째 나팔이 울릴 때 일어날 일의 부분일 뿐 전체가 아닙니다. 한편 환난을 이기고 승리한 〈종 선지자들과 성도들〉, 그리고 〈주의 이름을 경외하는 자들〉은 그 몸으로 행한 대로 〈상〉을 받습니다. 그리고 땅을 망하게 한 자들은 〈멸망〉당합니다. 이러한 일이 마지막, 일곱째 나팔이 울릴 때 일어날 일들입니다.

요한계시록 12장

해를 옷 입은 여자와 아들

1. 해를 옷 입은 여자와 그 아들

1) 〈해를 옷 입은 한 여자〉

계 12:1 하늘에 큰 이적이 보이니 해를 옷 입은 한 여자가 있는데
그 발 아래에는 달이 있고 그 머리에는 열두 별의 관을 썼더라

혼히 계시록 12장에 나오는 〈해를 옷 입은 한 여자〉를 '구약 교회'로, 그 낳은 아이를 '예수 그리스도'로 봅니다. 그러나 사도 요한이 보고 기록한 것은 '장차 될 일'이지[56] 과거의 일이 아닙니다. 계시록 12장의 내용을 그리스도의 초림 사건으로 해석하는 것은 잘못된 것입니다.

1절의 '해를 옷 입은 여자'는 구약 교회가 아니라 대환난 기간의 선한 교회를 나타냅니다. 해를 옷 입은 것은 교회의 영광스러운 모습을 보여줍니다. 이제 이 장에서는 이 '여자가 낳은 아들'이 그리스도가 될 수 없음을 헬라어로 증명하고자 합니다.

---

56) (계 1:19) 그러므로 네가 본 것과 지금 있는 일과 **장차 될 일**을 기록하라

2) 해산의 수고

> 계 12:2 이 여자가 아이를 배어 해산하게 되매 아파서 애를 쓰며 부르짖더라

이 여자는 아이를 배어 해산의 고통 중에 부르짖습니다. 이는 선한 교회가 '하나님의 어린 자녀'를 '장성한 하나님의 아들'로 성장시키기 위하여 해산의 수고를 하는 모습입니다.

> 갈 4:19 나의 자녀들아[τεκνον] 너희 속에 그리스도의 형상을 이루기까지 다시 너희를 위하여 해산하는 수고를 하노니

성경의 '자녀'라는 단어는 [τεκνον_테크논]으로, [젖먹이]라는 뜻입니다. 젖먹이 '자녀'는 부모의 기쁨이지만 스스로 할 수 있는 일이 별로 없지요. 주 안에서 막 태어난 젖먹이 '자녀'가 교회 안에서 그리스도를 닮도록 자라는 것은 자동으로 되는 것이 아니라, 해산의 수고가 따름을 기억해야 합니다. 예수님을 믿음으로 하나님의 자녀가 된 것은 나의 공로가 필요없었지만, 교회 안에서 자라가며 그 인격이 그리스도를 닮는 것은 우리에게 주어진 일입니다. 따라서 목회자는 '신자'를 '거룩한 성도'로, '자녀'를 '장성한 아들'로 양육해야 하고, 해산의 수고를 하면서 모든 면에서 신앙의 본을 보여야 합니다. 우리 성도들도 '자녀'에 머무르지 말고 '아들'로 성장해야 함을 알고 그리스도를 닮아가야 합니다. 그러면 이제 젖먹이 '자녀'와 장성한 '아들'의 차이를 살펴보겠습니다.

3) 자녀 [τεκνον_테크논]

요 1:12 영접하는 자 곧 그 이름을 믿는 자들에게는 하나님의 자녀
|τεκνον|가 되는 권세를 주셨으니

십자가 대속의 주님을 영접하는 자, 예수님의 이름을 믿는 자는 새생명을
얻고 다시 태어나 하나님의 〈자녀〉가 되었습니다. 여기서 이 〈자녀〉가 바로
[τεκνον_테크논]입니다. 그 권세는 천지를 창조하신 하나님을 아버지라
부를 수 있는 놀라운 권세입니다. 이 [τεκνον_테크논]의 의미가 무엇인지
더 알아봅니다.

요일 2:12 자녀들아 내가 너희에게 쓰는 것은 너희 죄가 그의 이름으로
말미암아 사함을 받았음이요

요한일서에 의하면, 〈자녀〉란 '죄 사함 받은 자'를 의미합니다. 죄의 종
으로 있다가 예수님의 이름을 믿음으로 원죄를 사함 받고 다시 태어난
사람입니다. 그런데 성자 하나님이신 예수님은 근본적으로 "죄가 없는
분"이십니다. 따라서 이 [τεκνον_테크논]은 예수님께 결코 사용될 수 없
는 단어입니다. 그래서 성경 기자들은 갓 태어난 예수님께도 의도적으로
이 단어를 사용하지 않습니다. 복음서에서도 어린 예수님을 가리킬 때에
도 굳이 [παιδιον_파이디온]이나 [υἱος_휘오스]는 사용하되 [τεκνον_테
크논]은 사용하지 않았습니다. 57)

---

57) 이에 대한 더 자세한 내용은 「얻는 구원 이루는 구원 이르는 구원」 24장, '예수님의 메시아 인식시기에
대하여'를 참조하십시오.

계 12:5 여자가 아들을 낳으니 이는 장차 철장으로 만국을 다스릴 남자라 그 아이를 하나님 앞과 그 보좌 앞으로 올려가더라

(계 12:5)에서 '여자가 낳은 아들'을 〈그 아이〉라고 했는데, 이 때 사용된 단어가 바로 [τεκνον_테크논]입니다. 이는 '여자가 낳은 아들'이 "죄 사함 받은 자"임을 드러내기 위한, 계시록 저자의 의도적 단어 선택입니다. 5절의 〈그 아이〉는 결코 예수님을 가리키는 것이 될 수 없습니다.

4) 아들 [υιος_휘오스]

마 5:44 나는 너희에게 이르노니 너희 원수를 사랑하며 너희를 박해하는 자를 위하여 기도하라

마 5:45 이같이 한즉 하늘에 계신 너희 아버지의 아들[υιος]이 되리니 이는 하나님이 그 해를 악인과 선인에게 비추시며 비를 의로운 자와 불의한 자에게 내려주심이라

자녀가 되는 권세를 받은 자는 그리스도의 장성한 분량까지 자라 〈아들〉의 신앙이 되도록 노력해야 합니다. 〈아들〉이란 단어 [υιος_휘오스]는 단지 남성인 자식이 아니라, "아버지를 그대로 나타내는" 장성한 자를 가리킵니다. 아버지께서 행하시는 것과 똑같이 행하는 자가 바로 〈아들〉입니다. 원수까지 사랑하고 박해자를 위하여 기도하는 사람이 바로 하나님의 장성한 아들입니다. 대환난 기간은 이 자녀의 신앙이 아들로 성장하기 위한 과정입니다.

엡 4:13 우리가 다 하나님의 아들을 믿는 것과 아는 일에 하나가 되어 온전한 사람을 이루어 그리스도의 장성한 분량이 충만한 데까지 이르리니

엡 4:14 이는 우리가 이제부터 어린 아이가 되지 아니하여 사람의 속임수와 간사한 유혹에 빠져 온갖 교훈의 풍조에 밀려 요동하지 않게 하려 함이라

엡 4:15 오직 사랑 안에서 참된 것을 하여 범사에 그에게까지 자랄지라 그는 머리니 곧 그리스도라

〈자녀〉는 생명책에 이름이 기록되었지만 문제나 박해가 발생할 때에, 악한 자와 싸워야 할 때에 자신을 스스로 지키지 못합니다. 믿는 것과 아는 일에 하나가 되어 〈온전한 사람〉을 이루어야지, 언제까지나 젖먹이 신앙으로 그대로 있으면 〈사람의 속임수와 간사한 유혹에 빠져〉 밀려다니고 요동하다가 끝까지 믿음을 지키지 못합니다. 그러므로 〈믿는 사람은 그리스도의 장성한 분량이 충만한 데까지 이르도록 온전히〉 자라가야 합니다. 환난 중에도 범사에 교회 안에서 머리인 그리스도까지 자라도록 인내해야 합니다. 대환난 기간은 자녀를 아들로 자라게 하는 양육의 시간입니다.

5) 철장 권세

계 12:5 여자가 아들을 낳으니 이는 장차 철장으로 만국을 다스릴 남자라 그 아이를 하나님 앞과 그 보좌 앞으로 올려가더라

해를 옷 입은 여자가 낳은 아들은 죄사함 받은 자이고, 대환난은 젖먹이 자녀를 아버지와 같이 행하는, 장성한 아들로 성장하게 하는 과정이라 했습니다. 이 아들은 〈장차 철장으로 만국을 다스릴〉 것입니다. 그러므로 이를 재림하여 철장으로 다스리실 예수님으로 보기도 합니다.[58] 그러나 이 '철장 권세'는 예수님만이 갖는 것이 아닙니다. 두아디라 교회에 주신 말씀을 보겠습니다.

> 계 2:26 이기는 자와 끝까지 내 일을 지키는 그에게 만국을 다스리는 권세를 주리니
> 계 2:27 그가 철장을 가지고 그들을 다스려 질그릇 깨뜨리는 것과 같이 하리라 나도 내 아버지께 받은 것이 그러하니라

〈이기는 자〉, 〈끝까지 내 일을 지키는 그에게〉는 예수님이 아버지께 받으신 것처럼, 〈만국을 다스리는 권세〉를 주신다고 하셨습니다. 이 이기는 성도는 다시 오시는 예수님과 함께 〈철장〉으로 세상을 심판할 것입니다. 두아디라 교회에 하신 말씀과 같이, 우상의 제물을 먹지 않으며 제사에 참여하지 않는, 간음하지 않으며 회개하는 성도는 누구나 '철장 권세'를 가지고 다스릴 것입니다.

6) 보좌 앞으로 올려감

> 계 12:5 여자가 아들을 낳으니 이는 장차 철장으로 만국을 다스릴

---

58) (계 19:15) **그의 입에서 예리한 검이 나오니** 그것으로 만국을 치겠고 친히 그들을 **철장으로 다스리며** 또 친히 하나님 곧 전능하신 이의 맹렬한 진노의 포도주 틀을 밟겠고

5절의 〈올려가더라〉는 [ἡρπασθν_헤르파스데]인데, 이는 [ἁρπαζω_하르파조]의 [직설법/부정과거/수동태/3인칭/단수]로 쓰였고, 바로 '휴거하다'라는 단어입니다. [ἁρπαζω_하르파조]는 [끌어가다, 억지로 끌고 가다, 위험에서 구출, 저항할 수 없는 동작]을 말합니다. (살전 4:17)에서도 이 동사가 수동태로 쓰여 〈끌어 올려〉가다, 즉 '휴거하다'가 되겠습니다.

> 살전 4:17 그 후에 우리 살아 남은 자들도 그들과 함께 구름 속으로 끌어 올려 공중에서 주를 영접하게 하시리니 그리하여 우리가 항상 주와 함께 있으리라

계 12:5는, 초림 예수님의 부활 승천이 아니라, 아들로 장성한 성도가 휴거하게 됨을 보여주는 말씀입니다. 즉 계시록 12장에서 '해를 옷 입은 여자(선한 교회)'가 낳은 아들이 '죄사함 받은 하나님의 자녀[τεκνον_테크논]'이고, 이를 장성한 아들[υἱος_휘오스]로 양육하기 위하여 해산의 수고를 거치는 것을 보여줍니다. 이 장성한 아들은 장차 철장으로 만국을 다스릴 것입니다. 하나님께서 끝까지 인내한 성도를 보좌 앞으로 올려가심을 기억하고, 성도는 더욱 담대히 믿음을 지키고 인내해야 합니다.

2. 선한 교회의 광야 생활

1) 광야로 도망하다

> 계 12:6 그 여자가 광야로 도망하매 거기서 천이백육십 일 동안
> 그를 양육하기 위하여 하나님께서 예비하신 곳이 있더라

대환난이 시작되며 출현한 적그리스도는 후삼년 반이 시작될 때 온 세상의 정권을 잡고 대대적으로 교회를 박해할 것입니다. 이에 교회는 하나님께서 예비하신 〈광야〉로 도망합니다. 광야란 어떠한 곳입니까? 사방을 둘러보아도 광야에는 숨을 곳이 없습니다. 어디서든지 다 볼 수 있는 곳입니다. 그러므로 〈광야〉로 도망한다는 말은, 성도는 누가 보아도 믿음의 사람이라는 사실을 알 수 있도록 표 나게 믿음 생활을 해야 한다는 것입니다. 대환난 때에는 성도는 적절히 타협할 것이 아니라, 믿음이 분명히 드러나게 생활하는 것이 결국 자신을 지키는 방법이 된다는 것을 보여주는 것이 바로 〈광야〉입니다.

2) 양육하다

> 계 12:6 그 여자가 광야로 도망하매 거기서 천이백육십 일 동안
> 그를 양육하기 위하여 하나님께서 예비하신 곳이 있더라

6절의 '양육하다'라는 동사는 [τρεφωσιν_트레포신]입니다. 그런데, 이 동사의 주어가 중요합니다. 누가 성도를 양육합니까? 헬라어로 이 동사

의 주어는 놀랍게도 [ἡμερας χιλιας διακ οσιας ἑξηκοντα_헤메라스 킬리아스 디아코시아스 헥세콘타], 즉 〈천이백육십 일〉입니다. 이 후삼년 반의 기간, 둘째 화의 하루하루가 성도를 양육한다는 것입니다. 반면 같은 후삼년 반의 기간임에도 성전 마당이 짓밟히는 기간[59])과 짐승이 권세를 잡은 기간[60])은 〈마흔두 달〉이라고 했습니다. 그러나 두 증인[61])과 광야의 교회에게는 〈천이백육십 일〉이라 표현한 것은, 하나님의 백성에게 하루하루가 그만큼 중요하다는 것을 나타냅니다. 대환난 기간은 성도를 아들로 양육하는 특별한 기간입니다. 하루하루를 이기는 것이 중요합니다. 오늘 이기는 사람이 내일도 이길 수 있는 것입니다. 믿음으로 담대하여야 합니다.

3) 한 때와 두 때와 반 때

> 계 12:14 그 여자가 큰 독수리의 두 날개를 받아 광야 자기 곳으로 날아가 거기서 그 뱀의 낯을 피하여 한 때와 두 때와 반 때를 양육 받으매

〈한 때와 두 때와 반 때〉는 6절에서와 같이 3년 6개월을 가리킵니다. 이 후삼년 반의 기간 동안 교회는 뱀을 피하여 〈광야〉에서 〈양육〉 받습니다.

---

59) (계 11:2) 성전 바깥마당은 측량하지 말고 그냥 두라 이것은 이방인에게 주었은즉 그들이 거룩한 성을 **마흔두 달 동안** 짓밟으리라
60) (계 13:5) 또 짐승이 과장되고 신성 모독을 말하는 입을 받고 또 **마흔두 달 동안** 일할 권세를 받으니라
61) (계 11:3) 내가 나의 두 증인에게 권세를 주리니 그들이 굵은 베옷을 입고 **천이백육십 일**을 예언하리라

계 12:17 용이 여자에게 분노하여 돌아가서 그 여자의 남은 자손
곧 하나님의 계명을 지키며 예수의 증거를 가진 자들과 더불어
싸우려고 바다 모래 위에 서 있더라

여자를 해하려 했으나 성공하지 못해 분노한 용이 〈그 여자의 남은 자
손〉과 더불어 싸우려는 장면으로, 계시록 12장은 끝이 납니다.

요한계시록 13장
적그리스도와 거짓 선지자

1. 권세를 받은 적그리스도

1) 바다에서 나온 짐승

계 13:1 내가 보니 바다에서 한 짐승이 나오는데 뿔이 열이요 머리가 일곱이라 그 뿔에는 열 왕관이 있고 그 머리들에는 신성 모독 하는 이름들이 있더라

12장이 〈둘째 화〉 기간의 '선한 교회'를 보여주었다면, 13장 역시 동일하게 후삼년 반, 〈둘째 화〉 기간의 '적그리스도'에 관한 일을 보여줍니다.
〈바다〉에서 나오는 이 짐승은 적그리스도입니다. 〈바다〉에서 나왔다는 것은 '하나님의 자리'를 차지하고 있다는 의미입니다.

겔 28:2 인자야 너는 두로 왕에게 이르기를 주 여호와께서 이같이 말씀하시되 네 마음이 교만하여 말하기를 나는 신이라 내가 하나님의 자리 곧 바다 가운데에 앉아 있다 하도다 네 마음이 하나님의 마음 같은 체할지라도 너는 사람이요 신이 아니거늘

두로 왕이 〈바다 가운데에 앉아 있다〉는 것은 〈하나님의 자리〉에 앉았다는 것입니다. 13장의 〈바다〉에서 나오는 짐승은 곧 첫째 인을 뗄 때 등장한 '흰 말 탄 자'로, 하나님의 자리를 차지하고 자신이 하나님이라고 하면서 나타난 자입니다. 일곱 머리와 열 뿔을 가진 이 짐승은 세상 정권과 결탁하고 배도한 교회와 함께, 광야의 선한 교회를 박해할 것입니다.

2) 마흔두 달 동안의 권세

> 계 13:5 또 짐승이 과장되고 신성 모독을 말하는 입을 받고 또 마흔두 달 동안 일할 권세를 받으니라
> 계 13:6 짐승이 입을 벌려 하나님을 향하여 비방하되 그의 이름과 그의 장막 곧 하늘에 사는 자들을 비방하더라
> 계 13:7 또 권세를 받아 성도들과 싸워 이기게 되고 각 족속과 백성과 방언과 나라를 다스리는 권세를 받으니

인 재앙에서 본 바와 같이 대환난 기간 동안에는 곳곳에서 전쟁이 일어나며, 자연환경이 파괴되고 기근이 일어나면서 많은 사람이 죽고 전염병도 창궐할 것입니다. 흰 말 탄 자, 땅의 짐승이자 적그리스도는 대환난이 시작할 때, 세계 평화를 외치며 등장합니다. 그런데 전삼년 반 동안 재앙이 계속되면서 환난이 해결되지 않습니다. 그래서 자신이 하나님이라 하는 '그 선한 자'에게 이 모든 문제를 해결할 수 있도록 온 세상 사람들이 전권을 몰아서 주는 것이 바로 〈마흔두 달 동안 일할 권세〉입니다. 이 적그리스도의 나라는 각 족속과 백성과 방언과 나라 전 세계를 다스리게 될 것입니다. 이 둘째 화 기간 동안 짐승은 권세를 잡고 〈하나님을 향해

비방〉할 뿐 아니라 성도들, 곧 〈하늘에 사는 자들〉을 〈비방〉하고 싸워 이길 것입니다. 때문에 생명책에 이름이 없는 자, 생명책에 이름이 없는 자들은 다 그 짐승에게 경배할 것입니다.

계 13:9 누구든지 귀가 있거든 들을지어다
계 13:10 사로잡힐 자는 사로잡혀 갈 것이요 칼에 죽을 자는 마땅히 칼에 죽을 것이니 성도들의 인내와 믿음이 여기 있느니라

그러나 누가 성도를 신고하여 잡히게 하면 그 자도 잡혀갈 것입니다. 성도를 죽게 하는 자도 반드시 죽게 될 것입니다. 그러므로 성도는 그러한 상황에도 '너도 그대로 당할 것'이라 외치며 담대하게 대처해야 할 것입니다. 철장 권세를 가진 〈성도의 인내와 믿음〉이 이것입니다.

3) 모든 종교 개혁자들은 교황을 적그리스도로 봅니다[62]

① 칼빈(기독교 강요)
교황과 추기경의 신학(가톨릭 신학)은
제1조, 하나님이 없다는 것
제2조, 그리스도에 대한 모든 기록과 교훈은 허위요 기만이라는 것
제3조, 내세와 최후의 부활에 관한 교리들은 우화에 지나지 않는다.

② 로이드 존스
로마 가톨릭은 마귀의 최대 걸작품이다.

---

62) 「성경 종말론」, 이광복 목사, p.307.

③ 웨스트민스터 신앙고백 25장 46항(1647년 장로교)

로마 교황은 교회 안에서 그리스도와 하나님을 대적하여 자신을 높이는 자로서 적그리스도요 죄의 사람이고 멸망의 아들이다.

④ 영국 성공회 신앙개요 제7항(1615년)

모든 왕들과 군주들 위에 군림하고 있는데 교황이 휘두르는 교황의 권력은 하나님의 말씀에 반대되는 권력이다. 그러므로 로마 교황의 이러한 권력은 왕이신 예수 그리스도 주권의 범위와 영역 내에서 반드시 제거되어야 할 가장 우선적인 목표이다.

⑤ 회중 교회(사보이 선언서 26장 45항)

로마 교황은 장차 예수 그리스도에게 대적할 죄의 사람, 혹은 불법의 아들인 적그리스도로 자기를 하나님이라고 부르면서 지상의 교회에서 자기를 높이게 될 것이다.

⑥ 침례 교회(침례 교회 신앙고백 26장 4항. 1688년)

지상 교회의 수령이라고 주장하는 자가 있다면 그는 죄의 사람 혹은 멸망의 아들인 적그리스도로 장차 그는 자기를 하나님이라 칭하며 예수 그리스도께 대적하게 될 것인데, 그는 재림의 때에 예수 그리스도의 광채로 반드시 죽임을 당하게 될 것이다.

⑦ 감리 교회 존 웨슬리(1754년)

교황은 이중적인 사람으로 교황인 동시에 죄의 사람이며 그는 날마다 죄의 사람의 특징을 쌓아가고 있다.

2. 기록된 이름이 남아있지 않다

계 13:8 죽임을 당한 어린양의 생명책에 창세 이후로 이름이 기록되지 못하고 이 땅에 사는 자들은 다 그 짐승에게 경배하리라

〈어린양의 생명책〉에 이름이 기록되지 못한 사람들은 다 그 짐승에게 경배하게 됩니다. 이때에 〈기록되지 못하고〉라는 부분을 헬라어로 살펴보면 [οὐ γεγραπται_우 게그라프타이]로, [γραφω_그라포]가 [직설법/현재완료/수동태]로 쓰였습니다. 현재완료태이므로 〈기록되지 못하고〉라는 말은, '처음부터 기록되지 못한' 것이 아니라, 어린양의 생명책에 기록된 이름이 "지금까지 남아있지 않은" 것을 뜻합니다. 다시 말해, 전에 생명책에 기록되었는데 어떠한 연유로 지워져 현재 기록이 없는 이름들이 있다는 것입니다. 대환난 전에 하나님의 인을 받은 자가 그것을 계속 소유하지 못하면 생명책에 기록된 이름도 남아있지 않으며, 그러한 자들은 다 짐승에게 경배합니다.

3. 거짓 선지자

1) 땅에서 올라온 거짓 선지자

계 13:11 내가 보매 또 다른 짐승이 땅에서 올라오니 어린양 같이 두 뿔이 있고 용처럼 말을 하더라
계 13:12 그가 먼저 나온 짐승의 모든 권세를 그 앞에서 행하고 땅

과 땅에 사는 자들을 처음 짐승에게 경배하게 하니 곧 죽게 되었
던 상처가 나은 자니라

이후에도 땅에서 올라오는 다른 짐승은 흔히 거짓 선지자로 봅니다.
교회의 사자였던 하늘의 별들이 타락하였으니, 적그리스도가 정권을 잡
게 될 때 많은 목회자들이 짐승의 앞잡이가 될 것입니다. 모양은 어린양
같으나 용처럼 말하는 그들은 권세를 잡고 사람들이 적그리스도를 경배
하게 하는 데 힘쓸 것입니다.

2) 땅에 거하는 자들

계 13:14 짐승 앞에서 받은 바 이적을 행함으로 땅에 거하는 자들
을 미혹하며 땅에 거하는 자들에게 이르기를 칼에 상하였다가 살
아난 짐승을 위하여 우상을 만들라 하더라
계 13:15 그가 권세를 받아 그 짐승의 우상에게 생기를 주어 그 짐
승의 우상으로 말하게 하고 또 짐승의 우상에게 경배하지 아니하
는 자는 몇이든지 다 죽이게 하더라

이 짐승은 권세를 가질 뿐 아니라 큰 이적도 행하며 〈땅에 거하는 자
들〉을 미혹합니다. 〈땅에 거하는 자들〉은 [τους κατοικουντας_투스 카
토이쿤타스]로, [κατοικεω_카토이케오]가 [분사/현재/능동태/남성/복
수/대격]으로 쓰였습니다. 이 단어는 앞서 설명한 바와 같이, "땅에서 영
원히 살 줄로 알고 살아가고 있는 사람들"을 의미합니다. 천국 본향을
바라며 나그네로 살아가는 사람이 아니라, 땅에서 영원히 살 줄로 알고

살아가는 사람들은 짐승의 우상을 만들고 그 우상에게 경배할 것입니다. 여기에 순복하지 않는 자들은 다 죽임을 당하기 때문입니다. 이 때 성도 가운데 많은 순교자들이 나오게 될 것입니다. 우리는 순교자의 받을 상을 바라보고 담대하게 이기도록 해야 하겠습니다.

3) 짐승의 표

> 계 13:16 그가 모든 자 곧 작은 자나 큰 자나 부자나 가난한 자나
> 자유인이나 종들에게 그 오른손에나 이마에 표를 받게 하고

거짓 선지자들은 성경 지식을 가지고 짐승을 경배하는 데 적용하여 가르칩니다. 하나님의 백성에게 하나님의 인침이 있었으니 자기들도 표를 받게 하고자 합니다. 이 짐승의 표를 모두에게 받게 하는 일을 타락한 교회가 앞장서서 할 것입니다.

'하나님의 인'을 친다고 할 때[63] 〈인〉이라는 단어는 [σφραγις_스프라기스 : 도장]입니다. 반면, '짐승의 표'에서 〈표〉라는 단어는 [χαραγμα_카라그마]인데, 그저 도장이 아니라 [도장, 새기는 표, 조각]의 뜻입니다. 하나님의 인은 도장처럼 지워질 수 있지만, 짐승의 표는 저각처럼 한번 새겨지면 지울 수가 없습니다.

---

63) (계 7:3) 이르되 우리가 우리 하나님의 종들의 **이마에 인**치기까지 땅이나 바다나 나무들을 해하지 말라 하더라

4) 마지막 나팔이 울리는 때

계 13:17 누구든지 이 표를 가진 자 외에는 매매를 못하게 하니 이 표는 곧 짐승의 이름이나 그 이름의 수라

계 13:18 지혜가 여기 있으니 총명한 자는 그 짐승의 수를 세어 보라 그것은 사람의 수니 그의 수는 육백육십육이니라

적그리스도가 세상을 다스리는 권세를 갖게 되자 많은 목회자들이 권세자에게 붙어서 앞잡이 노릇을 하게 됩니다. 거짓 선지자들은 짐승의 표를 하나님의 인처럼 포장하며 모두가 받도록 조언할 것입니다. 그리고 표 받지 않은 자는 매매하지 못하므로 모든 이가 표를 받아야만 할 것입니다. 모든 사람이 표를 받게 하고자 세계정부는 이를 법제화하고 공포할 것입니다. 하지만 법을 만드는 데에는 적지 않은 시간이 걸리고 공포한 후에도 유예기간이 있습니다. 유예기간이 지나면 D-day를 정해 '전세계적으로 이 법이 시행되는 마지막 시점에 이 표가 없는 자는 범법자가 된다'고 공포할 것입니다. 그 마지막 날에 모든 사람은 어쩔 수 없이, 또는 필요에 의해 표를 받게 되겠지요. 그러면, 그 때에 세상 모든 사람은 둘로 나뉩니다. '하나님의 인을 소유하고 있는 자'와 '짐승의 표를 가진 자'로 말입니다. 그때에는 더 이상 시간을 지체할 필요가 없습니다. 법적으로 모든 사람이 짐승의 표를 받는 후삼년 반의 마지막 그 때, 바로 마지막 나팔, 일곱째 나팔이 울릴 것입니다!

일곱째 천사가 나팔을 불면, 성도는 휴거합니다. 그러므로 성도는 그 표를 가지고 세상에서 매매하며 살아갈 일이 없습니다. 동시에 땅은 심판을 받습니다. 그러므로 그들 역시 그 표를 가지고 세상에서 매매하며

삶을 지속할 일이 없습니다. 이 지식을 갖고 끝까지 담대하게 인내하도록 해야 할 것입니다.

일곱째 나팔이 울리면 성도의 휴거와 셋째 화가 실행됩니다. 성도는 이때 하늘로 끌려 올라가 주님을 만나지만, 휴거하지 못한 자들은 땅에 남아서 셋째 화, 대접 재앙을 당하게 됩니다.

5) 때가 찬 경륜

우리는, 그 마지막 때를 알 수 있을까요? 계시록을 주신 하나님께서 우리에게 모든 것을 알게 하실까요? 잠시 에베소서를 봅시다.

> 엡 1:9 그 뜻의 비밀을 우리에게 알리신 것이요 그의 기뻐하심을 따라 그리스도 안에서 때가 찬 경륜을 위하여 예정하신 것이니
> 엡 1:10 하늘에 있는 것이나 땅에 있는 것이 다 그리스도 안에서 통일되게 하려 하심이라

하나님께서는 〈그 뜻의 비밀을 우리에게〉 알게 하셨습니다. 그런데 9절의 〈때가 찬 경륜을 위하여〉라는 말이 너무 어렵습니다. 우리말과 헬라어의 어순이 조금 다르기도 하지만, 헬라어로는 〈때가 찬 경륜을 위하여〉라는 말이 10절에 있고 9절에는 없습니다. 그럼 일단 그 말을 빼고 9절을 직역해 보면, "그리스도 안에서 계획한 그의 호의에 따라서 그의 뜻의 비밀을 알리셨으니"가 됩니다.

주님께서는 그의 뜻의 비밀을 우리가 알도록 계획하셨고 이를 기뻐하십니다. 그러므로 성도는 주님의 뜻을 알 수 있고, 또 알아야 하나님을 기

쓰시게 할 수 있습니다. 하나님의 뜻을 알 수 없다는 것은 잘못된 생각입니다. 미련하여 깨닫지 못할 뿐, 성도가 지혜롭게 행하면 얼마든지 알 수 있습니다.

〈때가 찬 경륜〉에서 〈경륜〉이란 [οἰκονομιαν_오이코노미안]으로, [사명, 계획, 설계라는 뜻입니다. 이 9절 말씀에서는 〈경륜〉보다는 간단히 "계획"이라 번역하는 것이 명확한 뜻을 전달해 준다 하겠습니다. 그리고 전치사 [εἰς_에이스]는 "이르게 하도록"이라는 뜻입니다. 즉 "때가 찬 계획에 이르게 하도록"이라고 번역합니다. 뒤이어 10절을 봅니다.

> 엡 1:10 하늘에 있는 것이나 땅에 있는 것이 다 그리스도 안에서 통일되
> 게 하려 하심이라

〈통일되게 하려 하심이라〉는 [ἀνακεφαλαιωσασθαι_아나케팔라이오사스다이]로, [부정사/부정과거/중간태]로 쓰였습니다. 이 단어는 [여러 가지를 하나로 합치다, 요약하다, 간단히 이해하다]라는 뜻입니다. 〈통일되게 하려 하심이라〉는 번역은 [요약하다, 하나로 합치다]라는 뜻을 적용한 것이겠지만, [간단히 이해하다]를 적용하는 것이 문맥에 있어 자연스럽습니다. 또한 [부정사/중간태]로 쓰였으니 "우리를 위하여" "간단히 이해하게 하려 하심"이라 하겠습니다.

즉, 9절과 10절의 말씀을 요약하면, 하나님께서는 그 비밀을 알게 하시는데, 때가 찬 계획에 이르도록 하늘과 땅의 것을 간단히 이해하게 하신다는 것입니다.

* 본서의 번역(엡 1:9-10)

9 그의 기뻐하심을 따라 그리스도 안에서 예정하신 그의 뜻의 비밀을 우리에게 알리신 것이요
10 때가 찬 계획에 이르도록 하늘에 있는 것들이나 땅에 있는 것들을 그리스도 안에서 모두 간단히 이해하게 하려 하심이라

지금 우리는 예수님께서 언제 오시는지 알지 못합니다. 그러나 대환난 마지막 때가 되면, 때가 차면, 예수님이 언제 오시는지 분명히 알 수 있다는 것입니다.

애굽에서 종살이하던 이스라엘은 출애굽을 위해 기도했지만 언제 출애굽 할는지는 알 수 없었습니다. 그러나 10번째 재앙 때, 문설주에 피를 바르고 집에서 유월절 양을 구울 때, 신발을 신고, 허리에 띠를 띠고, 지팡이를 잡고 급히 양고기를 먹을 때, 그들이 무슨 생각을 했겠습니까? 바로 그것입니다! 그 때에는 '아, 곧 날이 밝으면 드디어 애굽을 떠나겠구나!' 하고 분명히 알았을 것입니다.

이를테면, 정권을 잡은 적그리스도가 두 증인을 죽이고, 짐승의 표를 받는 마지막 데드라인을 주며 교회를 극심하게 박해할 때 성도들은 "아하, 곧 마지막 나팔이 울리겠구나!" "그 때 주님께서 오시겠구나" 하고 알 수 있다는 것입니다. 다시 오시는 주님을 기다리는 우리는, 적그리스도가 출현하고, 각 재앙들이 일어날 때, 또 그가 세계 모든 정권을 잡고 교회를 박해할 때, 하나님의 나팔이 울림을 알 수 있습니다. 또한 무엇이 짐승의 666표인지 지금은 알 수 없으나, 모든 사람이 그 짐승의 표를 찍도록 마지막 시기를 공표할 때, 하나님의 뜻의 비밀을 아는 성도들은 곧 마지막 나팔이 울릴 것을 분명히 깨닫게 될 것입니다. 그래서 빛의 아들들에게는 주님이 도둑 같이 오시지 않습니다.

살전 5:4 형제들아 너희는 어둠에 있지 아니하매 그 날이 도둑 같이 너희에게 임하지 못하리니

살전 5:5 너희는 다 빛의 아들이요 낮의 아들이라 우리가 밤이나 어둠에 속하지 아니하나니

살전 5:6 그러므로 우리는 다른 이들과 같이 자지 말고 오직 깨어 정신을 차릴지라

다시 정리합니다. 둘째 화는 계시록 9장에서 여섯째 나팔이 울림으로, 후삼년 반 동안 사람 3분의 1이 죽게 될 것입니다. 〈펴 놓인 작은 책〉(10장)을 먹고 준비된 〈두 증인〉은 11장에서 '천이백육십 일' 동안 굵은 베를 입고 예언할 것입니다. 측량되지 않은 성전 바깥마당은 '마흔두 달' 동안 짓밟히고, 두 증인은 순교하지만 부활, 승천할 것입니다. 한편 12장에서 해산의 고통으로 아들을 낳은 〈해를 옷 입은 한 여자〉는 광야에서 '천이백육십 일' 또는 '한 때와 두 때와 반 때'를 양육 받고, 13장에서는 바다에서 나온 짐승이 '마흔두 달' 동안 일할 권세를 받고 사람들에게 짐승의 표를 받게 하는 것을 보았습니다. 시간의 흐름은 나팔 재앙이 연속되는 9장에서만 나타나고, 10장-13장은 시간적으로 나열된 것이 아니라 〈둘째 화〉 기간 동안 교회와 짐승의 각각의 모습을 보여준다 하겠습니다.

이어지는 14장에서는 일곱째 나팔이 울려, 휴거한 성도들이 어린양과 함께 선 모습과, 땅에 거하는 자들이 진노의 포도주를 마심을, 그리고 마지막 추수 장면을 보여줍니다.

요한계시록 14장

성도의 이김

1. 시온 산의 14만 4천

14장에는 14만 4천이 어린양과 함께 시온 산에 선 장면이 나옵니다. 휴거하여 어린양과 함께 선 이들은 어떠한 사람들입니까?

1) 하나님의 인을 가지고 있는 자들

> 계 14:1 또 내가 보니 보라 어린양이 시온 산에 섰고 그와 함께 십사만 사천이 서 있는데 그들의 이마에는 어린양의 이름과 그 아버지의 이름을 쓴 것이 있더라

이들의 〈이마〉에는 대환난 시작 전에 받았던 하나님의 인, 곧 〈어린양의 이름과 그 아버지의 이름을 쓴 것〉이 있었습니다.

그런데 이때 〈있더라〉는 이름의 존재유무를 나타내는 'be' 동사가 아닙니다. 헬라어로는 [ἔχουσαι_에쿠신]으로, [ἔχω_에코 : have]의 [분사/현재/능동태/여성/복수/주격]입니다. 즉 '그들의 이마에 이름이 존재한다'가 아니라, 〈어린양의 이름과 그 하나님의 이름을〉 "성도들이 능동적으

로 소유하고 있다"는 것입니다. 성도들은 환난과 박해 속에서도, 죽음의 위협 앞에서도 그 이름을 놓치지 않고 능동적으로 소유하고 있었다는 것입니다. 생명책에 기록된 이름이 지워질 수 있듯이, '하나님의 인'도 스스로 가지고 있지 않으면 지워집니다.

〈첫째 화〉에서 하나님의 인을 보유하는 자가 '황충 재앙'을 당하지 않았듯, 〈둘째 화〉에서도 하나님의 인을 보유하고 있는 사람이 어린양의 인도와 보호를 받습니다. 이것을 보면, 대환난 기간에 끝까지 믿음을 지키는 사람이 견디고 이긴다는 것을 알 수 있습니다.

2) 음녀로 더럽히지 않은 자들

> 계 14:4 이 사람들은 여자와 더불어 더럽히지 아니하고 순결한 자라 어린양이 어디로 인도하든지 따라가는 자며 사람 가운데에서 속량함을 받아 처음 익은 열매로 하나님과 어린양에게 속한 자들이니

이들은 〈여자와 더불어 더럽히지 아니하〉였습니다. 이 〈여자〉란 무엇을 뜻합니까? 12장의 '해를 옷 입은 여자'는 선한 교회이지만, 이 4절의 〈여자〉는 '음녀', 곧 '부패한 교회'를 말합니다. 성도들은 타락한 교회의 교훈과 가르침에 자기를 더럽히지 않고 순결함을 유지했습니다. 이렇게 할 수 있었던 것은 〈어린양이 어디로 인도하든지 따라〉갔기 때문입니다. 이 말은 주의 모든 말씀에 순종하였다는 것입니다. 주의 말씀은 지키기 편하고 이해되는 것만 따르는 것이 아닙니다. 이해되지 않고 어려움이 따라도 주의 말씀이기에 믿음으로 순종하고 나면 주의 뜻이 이해됩니다. 이

러한 사람만이 순결함을 지킨 신부가 될 수 있습니다.

말세의 음녀는 평화적으로 세상 종교를 통합하자는 연합회가 될 것입니다. 이름은 교회이지만 세상 모든 종교를 혼합한, 영적 간음을 행하는 음녀입니다. 세계 기독교 협의회는 모든 종교를 통합하고자 하는 음녀의 교회입니다. 그들과 함께하면 자신도 모르게 영적 음행에 물들게 될 것입니다. 〈어린양에게 속한 자들〉은 그 더러운 곳에서 나와야 합니다.

2. 세 천사의 복음

이후에는 세 천사의 경고가 있습니다. 이 경고는 모두 대접 재앙을 앞에 둔, '땅에 거하는 자들'을 심판하기 위한 선포입니다.

1) 영원한 복음

> 계 14:6 또 보니 다른 천사가 공중에 날아가는데 땅에 거주하는 자들 곧 모든 민족과 종족과 방언과 백성에게 전할 영원한 복음을 가졌더라
> 계 14:7 그가 큰 음성으로 이르되 하나님을 두려워하며 그에게 영광을 돌리라 이는 그의 심판의 시간이 이르렀음이니 하늘과 땅과 바다와 물들의 근원을 만드신 이를 경배하라 하더라

천사가 〈영원한 복음〉을 가졌으니, '좋은 소식' 같으나 꼭 그렇지는 않습니다. 천사는 인간을 전도하지 않습니다. 복음은 사람이 사람에게 전

하는 것입니다. 또한 일곱째 나팔이 울려 14만 4천이 휴거한 시점에서 더이상 주의 복음을 믿고 구원 얻을 사람은 없습니다. 여기에서 〈모든 민족과 종족과 방언과 백성에게 전할 영원한 복음〉은 이제까지 〈복음〉을 받아들이지 않은 자들에게 이 〈복음〉의 말씀으로써 "경고"하는 것입니다. '믿는 자는 멸망하지 않는다'는 〈복음〉은 결국 "믿지 않은 자들은 멸망한다"는 심판의 메세지인 것입니다.

이 천사는 〈심판의 시간이 이르렀〉다고 합니다. 하나님의 영광은 공의의 심판이 이루어질 때에도 드러납니다. 〈복음〉은 하나님을 예배하는 자들에게 승리의 소식이지만, 땅에 거하는 자들에게는 두려운 심판의 말씀이 될 것입니다.

2) 바벨론의 무너짐

> 계 14:8 또 다른 천사 곧 둘째가 그 뒤를 따라 말하되 무너졌도다
> 무너졌도다 큰 성 바벨론이여 모든 나라에게 그의 음행으로 말미
> 암아 진노의 포도주를 먹이던 자로다 하더라

둘째 천사는 모든 나라에 진노의 포도주를 먹이던 〈큰 성 바벨론〉의 무너짐을 말하였습니다. 17장에서 살펴보겠지만, 이 큰 성 바벨론은 모든 나라를 음행하게 하는 음녀 교회입니다.

3) 짐승의 표 받은 자

> 계 14:9 또 다른 천사 곧 셋째가 그 뒤를 따라 큰 음성으로 이르되

만일 누구든지 짐승과 그의 우상에게 경배하고 이마에나 손에 표
를 받으면

계 14:10 그도 하나님의 진노의 포도주를 마시리니 그 진노의 잔
에 섞인 것이 없이 부은 포도주라 거룩한 천사들 앞과 어린양 앞
에서 불과 유황으로 고난을 받으리니

계 14:11 그 고난의 연기가 세세토록 올라가리로다 짐승과 그의
우상에게 경배하고 그의 이름 표를 받는 자는 누구든지 밤낮 쉼
을 얻지 못하리라 하더라

셋째 천사는 〈짐승과 그의 우상에게 경배하고 이마에나 손에〉 '짐승의
표'를 받은 자들에게 경고합니다. 그들은 〈하나님의 진노의 포도주〉를
마실 것이며 〈불과 유황으로 고난을〉 받을 것입니다. 세세토록 고난당
하며, 밤낮 쉼을 얻지 못할 것입니다.

4) 성도들의 인내

계 14:12 성도들의 인내가 여기 있나니 그들은 하나님의 계명과
예수에 대한 믿음을 지키는 자니라

〈성도들의 인내〉는 무엇입니까? 바로 〈하나님의 계명〉을 지키고 예수
님의 그 믿음을 "지켜 행하는 자"입니다. 〈지키는 자〉는 [τηρουντες_테
룬테스]의 [분사/현재/능동태/남성/복수/주격]으로, "반복적으로 지켜
행하고 있는 자"를 의미합니다. 예수님은 믿지만, 말씀은 믿기만 해서는
안 됩니다. 예수님을 믿으면 반드시 예수님의 말씀을 지켜 행하는 것이

믿음을 지키는 것입니다. 계명을 지키고 믿음을 지키는 데에는 인내가 필요합니다. 끝까지 인내하여 승리하도록 해야 합니다.

5) 주 안에서 죽는 자가 복 있다

> 계 14:13 또 내가 들으니 하늘에서 음성이 나서 이르되 기록하라 지금 이후로 주 안에서 죽는 자들은 복이 있도다 하시매 성령이 이르시되 그러하다 그들이 수고를 그치고 쉬리니 이는 그들의 행한 일이 따름이라 하시더라

이 말씀은 오늘날의 성도들에게 하시는 말씀입니다. 〈주 안에서 죽는 자들은 복이 있〉다고 했습니다. 이는 많은 순교자가 있음을 알려주시는 것입니다. 주 안에서는 나의 죽음도 유익합니다. 예수의 증거 때문에 죽임 당할 때 순교자의 상도 받지만, 〈수고를 그치고〉 주 안에서 쉼을 얻는 것입니다. 성도는 이 지식을 갖추어서 성경대로 이러한 일이 일어날 때, 낙심하지 말고 더욱 소망을 가져야 합니다.

3. 곡식 추수와 포도송이 추수

1) 곡식 추수 : 의인의 추수

> 계 14:14 또 내가 보니 흰 구름이 있고 구름 위에 인자와 같은 이가 앉으셨는데 그 머리에는 금 면류관이 있고 그 손에는 예리한

낫을 가졌더라

계 14:15 또 다른 천사가 성전으로부터 나와 구름 위에 앉은 이를
향하여 큰 음성으로 외쳐 이르되 당신의 낫을 휘둘러 거두소서
땅의 곡식이 다 익어 거둘 때가 이르렀음이니이다 하니

계 14:16 구름 위에 앉으신 이가 낫을 땅에 휘두르매 땅의 곡식이
거두어지니라

14장의 '곡식 추수'는 성도의 휴거로, 〈곡식〉은 알곡으로 천국 곳간에
들어갈 성도들입니다. 〈금 면류관〉을 쓰신 〈인자와 같은 이〉, 즉 예수님
께서[64] 이들을 친히 추수하십니다. 16절의 〈곡식〉은 {주격}으로 쓰였는
데, 이는 성도를 존귀하게 대우하신다는 의미가 되겠습니다.

'곡식이 거두어지고' 난 뒤 '포도를 거두'시므로, 먼저는 성도가 휴거하
고, 그 후에 악인의 심판이 있음을 알 수 있습니다.

2) 포도송이 추수 : 악인의 심판

계 14:17 또 다른 천사가 하늘에 있는 성전에서 나오는데 역시 예
리한 낫을 가졌더라

계 14:18 또 불을 다스리는 다른 천사가 제단으로부터 나와 예리
한 낫 가진 자를 향하여 큰 음성으로 불러 이르되 네 예리한 낫을
휘둘러 땅의 포도송이를 거두라 그 포도가 익었느니라 하더라

계 14:19 천사가 낫을 땅에 휘둘러 땅의 포도를 거두어 하나님의

---

64) (단 7:13) 내가 또 밤 환상 중에 보니 **인자 같은 이**가 하늘 구름을 타고 와서 옛적부터 항상 계신
이에게 나아가 그 앞으로 인도되매

진노의 큰 포도주 틀에 던지매

계 14:20 성 밖에서 그 틀이 밟히니 틀에서 피가 나서 말 굴레에

까지 닿았고 천육백 스다디온에 퍼졌더라

'포도송이 추수'는 성도의 휴거 후 땅에 남은 악인이 심판받는 장면입니다. 〈예리한 낫 가진〉 천사는 포도를 거두어 〈진노의 큰 포도주 틀〉에 던집니다. 그 〈땅의 포도〉를 〈포도주 틀〉에서 밟으며 철장 권세로 다스리는 것이 19장에 묘사되는 아마겟돈 전쟁입니다.[65]

16절의 〈곡식〉과 달리, 19절에서 〈땅의 포도〉가 [목적격]으로 쓰인 것은 악인이 단순한 추수의 대상일 뿐임을 간접적으로 보여준다 하겠습니다.

---

65) (계 19:15) 그의 입에서 예리한 검이 나오니 그것으로 만국을 치겠고 친히 그들을 **철장으로 다스리며** 또 친히 하나님 곧 전능하신 이의 **포도주 틀을 밟겠고**

1. 유리 바다 위의 성도

1) 불 섞인 유리 바다 위에서 찬양

> 계 15:1 또 하늘에 크고 이상한 다른 이적을 보매 일곱 천사가 일
> 곱 재앙을 가졌으니 곧 마지막 재앙이라 하나님의 진노가 이것으
> 로 마치리로다
> 계 15:2 또 내가 보니 불이 섞인 유리 바다 같은 것이 있고 짐승과
> 그의 우상과 그의 이름의 수를 이기고 벗어난 자들이 유리 바다
> 가에 서서 하나님의 거문고를 가지고

15절의 〈마지막 재앙〉은 셋째 화, 곧 땅에 쏟아질 '대접 재앙'을 의미합
니다. 그러나 〈짐승과 그의 우상과 그의 이름의 수를 이기고 벗어난 자
들〉은 이미 휴거하여 그 〈하나님의 진노〉를 당하지 않습니다.

2절에는 〈불이 섞인 유리 바다 같은 것〉이 있는데, 짐승의 표를 이긴 성
도들은 이 〈유리 바다 가에〉 서서 하나님의 거문고로 찬양합니다. 그런
데 우리말 성경에는 〈바다 가에〉라고 번역되어, 성도들이 '바다 근처에'

있는 것처럼 느껴집니다. 그러나 헬라어를 보면 전치사 [ἐπι_에피]가 쓰였습니다. 아시다시피 이 전치사는 'on'이라는 뜻이므로, 2절은 〈유리 바다 가에 서서〉가 아니라 "유리 바다 **위에** 서서"라고 해야 합니다. 대환난의 모든 과정을 이긴 성도들은 휴거하여 "유리 바다 위에서" 거문고를 가지고 하나님을 찬양하는 것입니다.

그런데 왜 이 〈유리 바다 같은 것〉에 불이 섞여 있을까요? 사도 요한은 지금 하늘에서 이 장면을 내려다보고 있습니다. 성도들이 모두 하늘로 끌려 올라간 뒤, 땅에서는 불 심판이 있기 때문에, 공중의 성도는 투명한 〈유리 바다〉 아래의 불 심판을 내려다보는 것입니다. 이러한 연유로 사도 요한은 〈불이 섞인 유리 바다 같은 것〉을 보게 되었습니다.

2) 모세의 노래 곧 어린양의 노래

> 계 15:3 하나님의 종 모세의 노래, 어린양의 노래를 불러 이르되
> 주 하나님 곧 전능하신 이시여 하시는 일이 크고 놀라우시도다
> 만국의 왕이시여 주의 길이 의롭고 참되시도다

휴거한 성도들은 "유리 바다 **위에** 서서" 거문고를 타며 〈모세의 노래〉를 부릅니다. 사실 이 〈모세의 노래〉는 출애굽기 15장에 나옵니다. 앞 장에서 홍해를 건넌 이스라엘 백성이 구원과 승리의 기쁨으로 부르는 노래입니다. 출애굽 당시에도 이스라엘 백성들은 온 힘을 다하여 홍해를 건넜고, 모든 이가 건너기를 마치자 갈라졌던 홍해가 다시 합쳐져 이스라엘을 추격하던 애굽 군대는 모두 바다에 빠져 죽었습니다. 이 장면을 보며 하나님의 백성들은 이 구원과 심판이 너무나 기뻐 찬양했습니다.

출 15:1 여호와를 찬송하리니 그는 높고 영화로우심이요 말과 그 탄 자를 바다에 던지셨음이로다

출 15:2 여호와는 나의 힘이요 노래시며 나의 구원이시로다 그는 나의 하나님이시니 내가 그를 찬송할 것이요 내 아버지의 하나님이시니 내가 그를 높이리로다

출애굽한 이스라엘 백성은 나의 힘이요 노래시며 구원이신 하나님께서 말과 그 탄 자를 바다에 던지셨음을 찬송합니다. 모든 것이 하나님의 역사였음을 고백하며 찬송하는 것입니다. 마찬가지로 14만4천의 모든 성도들은 대환난을 이기고 마지막 나팔 때까지 인내하여 주님을 공중에서 영접하게 된 것 모두가, 어린양의 은혜임을 고백하며 찬송합니다. 즉, 마지막 때 휴거한 성도가 유리 바다 위에서 땅의 심판 장면을 내려다보며, 구원의 기쁨과 영광으로 전능하신 하나님을 찬송하는 노래가 바로 공중에서 부르는 〈모세의 노래, 어린양의 노래〉입니다.

3) 만국의 왕

계 15:3 하나님의 종 모세의 노래, 어린양의 노래를 불러 이르되
주 하나님 곧 전능하신 이시여 하시는 일이 크고 놀라우시도다
만국의 왕이시여 주의 길이 의롭고 참되시도다

3절의 〈만국〉은 「알랜드 사본」에 근거한 것인데 [ἐθνῶν_에스논]으로 되어 있습니다. 그러나 「스테판 사본」에는 "성도들"이라는 뜻의 [ἁγίων_하기온]으로 되어 있습니다. 그러나 내용 상으로는 〈만국의 왕〉보다는

"성도들의 왕"이 자연스럽습니다.

2. 일곱 재앙 하나님의 진노

> 계 15:6 일곱 재앙을 가진 일곱 천사가 성전으로부터 나와 맑고
> 빛난 세마포 옷을 입고 가슴에 금 띠를 띠고
> 계 15:7 네 생물 중의 하나가 영원토록 살아 계신 하나님의 진노
> 를 가득히 담은 금 대접 일곱을 그 일곱 천사들에게 주니

성도들이 더 이상 남아있지 않은 땅을 심판하도록, 일곱 천사가 성전에서 나와 〈하나님의 진노〉를 담은 〈금 대접 일곱〉을 받습니다. 이어지는 16장에서 일곱 천사들이 그 대접을 쏟는, 땅의 모습을 보여줍니다.

요한계시록 16장
대접 재앙

계시록 16장은 셋째 화, 곧 일곱 대접의 재앙입니다. 둘째 화는 3년 6개월이라는 긴 시간동안 이루어졌지만, 셋째 화는 단 하루 만에 벌어집니다. 일곱째 천사의 나팔이 울려 성도들은 휴거했지만, 휴거하지 못하고 땅에 거하는 자들은 하나님의 심판을 당합니다. 땅에 거하는 자들이란 불신자를 말하는 것이 아니라, 하나님의 자녀라고, 예수 믿는다고 하면서도 '땅에 속한 자들'입니다. 계시록은 성경을 읽는 성도들이 환난 중에도 깨어 끝까지 '그리스도께 속한 자'로 살아서 이 진노를 당하지 않게 하기 위해 기록되었습니다.

1. 셋째 화 - 대접 재앙 : 하나님의 진노

> 계 16:1 또 내가 들으니 성전에서 큰 음성이 나서 일곱 천사에게
> 말하되 너희는 가서 하나님의 진노의 일곱 대접을 땅에 쏟으라
> 하더라

〈일곱째 나팔〉이 울리자 성도는 휴거하고, 일곱 재앙을 가진 일곱 천

사가 준비되어 하나님의 진노가 마치리라고 했습니다.[66] 단, '환난'과 달리 〈하나님의 진노〉는 성도가 겪는 일이 아닙니다. '땅에 속하여' 짐승에게 경배하고 성도의 피에 취한 자들이 〈하나님의 진노〉를 당합니다.

한편 이 〈하나님의 진노〉라는 표현은 앞서 어린양이 봉인된 두루마리의 일곱 인 중 〈여섯째 인〉을 떼실 때에도 등장합니다.

> 계 6:12 내가 보니 여섯째 인을 떼실 때에 큰 지진이 나며 해가 검은 털로 짠 상복 같이 검어지고 달은 온통 피 같이 되며
> 계 6:16 산들과 바위에게 말하되 우리 위에 떨어져 보좌에 앉으신 이의 얼굴에서와 그 어린양의 진노에서 우리를 가리라
> 계 6:17 그들의 진노의 큰 날이 이르렀으니 누가 능히 서리요 하더라

재앙의 두루마리를 봉인한 〈일곱 인〉이 대환난 기간에 일어날 전반적인 일을 간략히 보여주는 예고편이라면, 재앙의 두루마리가 펼쳐진 뒤 대환난 기간의 〈일곱 나팔〉은 환난을, 〈일곱 대접〉은 하나님의 진노를 보여준다고 하겠습니다.

1) 땅 심판

> 계 16:2 첫째 천사가 가서 그 대접을 땅에 쏟으매 짐승의 표를 받은 사람들과 그 우상에게 경배하는 자들에게 악하고 독한 종기가

---

[66] (계 15:1) 또 하늘에 크고 이상한 다른 이적을 보매 일곱 천사가 일곱 재앙을 가졌으니 곧 마지막 재앙이라 **하나님의 진노가** 이것으로 마치리로다

첫째 천사가 대접을 〈땅〉에 쏟으매, 짐승의 표를 "가지고"[ἔχοντας 에콘타스 : have] 있으면서 또한 우상에게 "절하고 있는"[προσκυνουντας 프로스퀴눈타스][67] 자들에게 악하고 독한 종기가 나서 많은 고통을 당합니다. 그러나 '하나님의 인을 가진 자들'은 공중에서 땅의 모습을 내려다보고 찬양합니다. 환난을 피하려고 짐승의 표를 받은 자들이 결국 이러한 재앙을 당함을 기억하고, 성도들은 끝까지 인내해야 합니다.

2) 바다 심판

> 계 16:3 둘째 천사가 그 대접을 바다에 쏟으매 바다가 곧 죽은 자
> 의 피 같이 되니 바다 가운데 모든 생물이 죽더라

둘째 천사가 대접을 〈바다〉에 쏟았습니다. 그러자 바다가 죽은 자의 피 같이 되어 〈바다 가운데 모든 생물이 죽〉는다고 했습니다. 〈생물〉이라고 하여 보통 물고기를 생각하게 되는데, 이때 〈생물〉이 [ψυχη 프쉬케 : 영혼, 목숨]인 것을 보면 이는 "사람"을 의미합니다. 이전에 '바다 가운데에서' 적그리스도가 나온 것을 상기하면, 바다에서 죽는 사람이란 '적그리스도와 함께 했던 자들'이라 하겠습니다.

한편 헬라어 문장에서 〈바다 가운데〉라는 부사는 〈모든 생물〉을 수식하지 않습니다. 〈바다 가운데〉가 수식하는 것은 동사인 〈죽더라〉이므로, "모든 생물이 바다 가운데서 죽더라"라고 번역해야 의미가 더욱 분명

---

67) 헬라어의 현재형은 진행과 반복의 의미를 가집니다.

히 전달됩니다. 둘째 나팔이 울렸을 때 바다의 삼분의 일이 피가 된 것 같이, 둘째 대접 때에는 바다가 진노를 당합니다. 이들은 〈백보좌 심판〉 때에 다시 살아 멸망의 심판을 받을 것입니다.[68]

3) 강과 물 근원 심판

> 계 16:4 셋째 천사가 그 대접을 강과 물 근원에 쏟으매 피가 되더라

셋째 대접은 〈강과 물 근원〉이 피가 되는 재앙입니다. 앞서 셋째 나팔에서 강과 샘물에 큰 별이 떨어져 사람을 죽이는 쓴 물이 된 것을 생각하면, 셋째 대접은 휴거하지 못한, 타락한 목회자와 교인들에게 해당되는 재앙으로 보입니다.

> 계 16:5 내가 들으니 물을 차지한 천사가 이르되 전에도 계셨고 지금도 계신 거룩하신 이여 이렇게 심판하시니 의로우시도다

이 천사가 하나님을 부를 때에 〈전에도 계셨고 지금도 계신 거룩하신 이〉라고 했습니다. 그동안은 하나님을 가리켜 〈이제도 계시고 전에도 계시고 장차 오실 이〉라고 하였는데, 여기서는 계시록 1장에서와 달리 〈장차 오실 이〉, [ὁ ἐρχόμενος_호 에르코메노스]라는 구절이 없습니다. 그 이유는 어렵지 않게 생각할 수 있습니다. (계 1:4)에서 설명한 바와 같이,

---

68) (계 20:13) **바다가 그 가운데에서 죽은 자들을 내주고** 또 사망과 음부도 그 가운데에서 죽은 자들을 내주매 각 사람이 자기의 행위대로 심판을 받고

〈장차 오실 이〉는 "지금도 오시는 이"로 번역되어야 하며, "지금도 자기 백성을 돕기 위하여 오시는 하나님"을 나타냅니다. 그런데 16장에서는 하나님의 백성이 이미 휴거하고 이 땅에 없으며, 이제 어린양과 항상 함께 있기 때문에 의도적으로 이 구절을 쓰지 않았습니다. 16장의 하나님은 '땅에 속한 자들'을 심판하시는, 〈전에도 계셨고 이제도 계신 거룩하신 이〉이십니다.

> 계 16:6 그들이 성도들과 선지자들의 피를 흘렸으므로 그들에게 피를 마시게 하신 것이 합당하니이다 하더라
> 계 16:7 또 내가 들으니 제단이 말하기를 그러하다 주 하나님 곧 전능하신 이시여 심판하시는 것이 참되시고 의로우시도다 하더라

타락한 교회는 오히려 〈성도들과 선지자들의 피를 흘렸〉습니다. 이들은 교회라는 이름으로 성도들과 선지자들을 핍박하고 죽게 했습니다. 다섯째 인에서 순교자들의 호소[69]를 기억할 때, 셋째 대접은 성도들의 피를 흘린 원수들에게 내려지는 진노의 재앙으로 순교자들의 호소에 대한 응답이기도 합니다. 그들이 행한 대로 심판하시기 때문에 주의 심판은 의롭고 참됩니다.

한편 7절에는 〈제단〉이 말했다고 번역되었는데, 헬라어에는 제단에서 나오는 다른 이(천사)가 말하는 것을 들었다고 되어 있습니다.

---

[69] (계 6:10) 큰 소리로 불러 이르되 거룩하고 참되신 대주재여 **땅에 거하는 자들을 심판하여 우리 피를 갚아 주지 아니하시기를 어느 때까지 하시려 하나이까** 하니

4) 해 심판

> 계 16:8 넷째 천사가 그 대접을 해에 쏟으매 해가 권세를 받아 불
> 로 사람들을 태우니
> 계 16:9 사람들이 크게 태움에 태워진지라 이 재앙들을 행하는
> 권세를 가지신 하나님의 이름을 비방하며 또 회개하지 아니하고
> 주께 영광을 돌리지 아니하더라

넷째 대접은 〈해〉에 쏟아져 해가 사람들을 불로 태웁니다. 적그리스도가 거하는 바벨론에는 모든 구조물이 태양 숭배에 근거합니다. 그들이 섬기는 태양이 그들을 고통스럽게 하는 것입니다.

출애굽 때에 애굽에 내려진 10가지 재앙을 보면, 애굽인들이 생명줄로 여기며 신성시한 나일강이 피가 되었고, 풍요의 신이던 개구리가 재앙이 되어 그들을 괴롭게 하였습니다. 또한 흑암 재앙으로 태양이 신이 될 수 없음을 보이셨습니다.

이 때에도 하나님 아닌 다른 것을 숭배하던 사람들은 그들이 섬기던 것들로써 심판받습니다. 그래서 〈해가 권세를 받아 불로〉 사람을 태워 죽게 합니다. 노아의 때에는 물로써 심판하셨으나 마지막 때에는 불심판입니다. 그러나, 이들은 이전과 같이 〈회개하지 아니하고〉 도리어 〈하나님의 이름을 비방〉할 뿐입니다.

5) 짐승 심판

> 계 16:10 또 다섯째 천사가 그 대접을 짐승의 왕좌에 쏟으니 그

나라가 곧 어두워지며 사람들이 아파서 자기 혀를 깨물고
계 16:11 아픈 것과 종기로 말미암아 하늘의 하나님을 비방하고
그들의 행위를 회개하지 아니하더라

다섯째 대접은 〈짐승의 왕좌〉에 쏟아져 그 왕국이 곧 끝이 날 것을 보여줍니다. 그들은 고통 때문에 자기 혀를 깨물 만큼 아파하고 괴로워합니다. 그러나 그럴수록 회개하기는 커녕 더욱 〈하나님을 비방하고〉 대적합니다. 그래서 이어지는 여섯째 대접 재앙에서는 이들이 그리스도를 대적하기 위하여 한 곳으로 모여듭니다.

6) 유브라데 심판 – 아마겟돈 전쟁

계 16:12 또 여섯째 천사가 그 대접을 큰 강 유브라데에 쏟으매 강물이 말라서 동방에서 오는 왕들의 길이 예비되었더라

여섯째 대접 재앙은 여섯째 나팔 재앙과 같이 〈큰 강 유브라데〉에 쏟아지는데, 흔히 '아마겟돈 전쟁'이라 불립니다.[70] 모든 것을 이긴 하나님의 백성은 휴거하였지만, 휴거하지 못한 채 땅에 남은 자들은 재앙을 당하고 있습니다. 재앙 때문에 고통 받으면서도 하나님을 비방하는 그들은 회개하는 것이 아니라 그리스도를 대적하고자 한 곳으로 모이게 됩니다. 휴거가 있었으니 곧 그리스도께서 군대와 함께 재림하시는 것을 알고 전쟁을 준비합니다.[71] 여섯째 대접으로, 유브라데 강물이 마르고 길이

---

70) (계 16:16) 세 영이 히브리어로 **아마겟돈**이라 하는 곳으로 왕들을 모으더라
71) (계 19:19) 또 내가 보매 그 짐승과 땅의 임금들과 그들의 군대들이 모여 **그 말 탄 자와 그의 군대**와 더불어 전쟁을 일으키다가

예비되므로 그곳으로 모인다고 했습니다. 이것이 19장의 아마겟돈 전쟁입니다.

> 계 16:13 또 내가 보매 개구리 같은 세 더러운 영이 용의 입과 짐
> 승의 입과 거짓 선지자의 입에서 나오니
> 계 16:14 그들은 귀신의 영이라 이적을 행하여 온 천하 왕들에게
> 가서 하나님 곧 전능하신 이의 큰 날에 있을 전쟁을 위하여 그들
> 을 모으더라

이때 천하 왕들을 한 곳으로 모으기 위하여 〈개구리 같은 세 더러운 영〉이 활동합니다. 이 더러운 세 영은 〈용의 입〉에서, 〈짐승의 입〉에서, 또한 〈거짓 선지자의 입〉에서 나옵니다. 용과 짐승과 거짓 선지자의 입에서 같은 〈더러운 영〉이 나오는 것을 보니 이들은 한통속입니다.

이들은 거짓말과 이적으로 온 천하를 꾀어서 하나님 곧 그리스도를 대적하도록 만들고 전쟁을 위해 함께 모입니다. 이길 수 없는 전쟁이지만 세상 정권자들은 귀신의 영에게 속아서 그리스도를 대적하는 아마겟돈 전쟁을 벌이게 됩니다.

7) 오늘날 성도에게 하시는 말씀

> 계 16:15 보라 내가 도둑 같이 오리니 누구든지 깨어 자기 옷을 지
> 켜 벌거벗고 다니지 아니하며 자기의 부끄러움을 보이지 아니하
> 는 자는 복이 있도다

눈치 채셨겠지만, 15절은 '오늘날 이 말씀을 읽는 자들'에게 하시는 주의 말씀입니다. 〈도둑 같이〉 오시는 주님을 만나는 자들은 더러운 영을 따라 그리스도를 대적하는 전쟁을 준비하는 자들입니다. 그러나 성도는 나팔 소리를 잘 듣고 회개하여 도둑이 아니라 공중에서 신랑으로 맞이하도록, 〈자기 옷을 지켜〉〈자기의 부끄러움을 보이지 아니〉합니다. 죄를 회개하며 예복을 준비하는 것입니다.

주님께서는 도둑 같이 오시지만, 빛의 아들들은 울리는 나팔 소리를 들으며 주님 오시는 때를 알 수 있습니다. 우리에게는 계시로, 모든 때와 하실 일을 밝히 일러 주셨기 때문입니다. 그러나 땅에 속한 자들은 재림하시는 주님을 도둑맞듯이, 알지 못하는 사이에 보고 또 〈애곡〉하게 될 것입니다. 아멘.[72]

8) 아마겟돈으로 왕들을 모으시는 이

계 16:16 세 영이 히브리어로 아마겟돈이라 하는 곳으로 왕들을 모으더라

한글 성경에서는 16절의 주어를 〈세 영〉으로 의역했습니다. 그러나 헬라어로 보면 주어가 별개의 단어로 있는 것은 아니고, (복수)인 〈세 영〉이 주어가 될 수 없음을 '동사'를 통해 알 수 있습니다. 〈모으더라〉는 동사는 [συνηγαγεν_쉬네가겐]인데, [συναγω_쉬나고]의 (직설법/부정과거/능동태/3인칭/단수)로 쓰였습니다. 헬라어에서 이 동사의 주어는 분명 (3

---

72) (계 1:7) 볼지어다 그가 구름을 타고 오시리라 각 사람의 눈이 그를 보겠고 그를 찌른 자들도 볼 것이요 **땅에 있는 모든 족속이 그로 말미암아 애곡하리니** 그러하리라 아멘

인칭/단수]로, 주어는 "He"가 되고, 이를 직역하면 "그가 (왕들을) 모으더라"가 됩니다.[73] 이 "그"는 앞선 15절에서 '도둑 같이 오신다고 말씀하신 분'이라고 보는 것이 자연스럽습니다. 즉 '다시 오시는 그리스도'라고 보아야 합니다.

다시 말해, 그리스도를 대적하고자 땅의 모든 왕들이 아마겟돈으로 모이는 것도 사실은 만왕의 왕, 만주의 주이신 그리스도께서 결정하시는 일인 것입니다. 14절에서 '더러운 세 영'이 일하는 것 같으나, 실상은 그리스도께서 그들을 모이게 하십니다. 대적자들을 모으시고 함께 심판하시는 것입니다.

단, 아마겟돈 전쟁의 모습은 계시록 19장에 나옵니다. 휴거한 성도들이 그리스도와 함께 철장 권세로 다스릴 예수님의 재림은 아마겟돈 전쟁 때입니다.

이 '전쟁에 참여한 사람들'은 모두 죽게 됩니다. 그러나 땅의 모든 인류가 다 죽는 것은 아닙니다. 아마겟돈 전쟁에서 싸운 대적자들이 죽습니다. 허나 짐승의 표는 받았지만 이 전쟁에 참여하지 않은 자들은 살아서 천년왕국 동안에 성 밖에서 지내게 될 것입니다. 그리고 천년 후 잠깐 놓인 마귀가 곡과 마곡을 미혹하는 전쟁으로 모든 사람이 죽고, 〈둘째 사망〉 즉 백보좌 심판을 받게 됩니다.

9) 공중 권세와 바벨론 심판

계 16:17 일곱째 천사가 그 대접을 공중에 쏟으매 큰 음성이 성전

---

73) 16절의 주어가 〈세 영〉으로 의역된 것은 아마도 13, 14절의 영향인 것 같습니다.

에서 보좌로부터 나서 이르되 되었다 하시니

계 16:18 번개와 음성들과 우렛소리가 있고 또 큰 지진이 있어 얼마나 큰지 사람이 땅에 있어 온 이래로 이같이 큰 지진이 없었더라

계 16:19 큰 성이 세 갈래로 갈라지고 만국의 성들도 무너지니 큰 성 바벨론이 하나님 앞에 기억하신 바 되어 그의 맹렬한 진노의 포도주 잔을 받으매

계 16:20 각 섬도 없어지고 산악도 간 데 없더라

계 16:21 또 무게가 한 달란트나 되는 큰 우박이 하늘로부터 사람들에게 내리매 사람들이 그 우박의 재앙 때문에 하나님을 비방하니 그 재앙 심히 큼이러라

일곱째 천사가 마지막 대접을 〈공중〉에 쏟았습니다. 그때 성전에서 큰 음성이 하늘 성전에서, 보좌로부터 나와 〈되었다〉라고 하였습니다. 모든 심판이 다 하나님께서 계획하신 대로 이루어졌다고 선언하는 말입니다. 이 번개와 뇌성과 큰 지진이 일어나는 모습은 여섯째 인 재앙[74]의 모습에서 본 바 있습니다. 〈큰 성 바벨론〉이 〈맹렬한 진노의 포도주 잔〉을 받아 무너지고, 땅은 섬과 산악이 없어져 거룩한 성, 새 예루살렘이 하늘에서 내려오도록 준비됩니다. 천년왕국을 위한 정지작업이라 볼 수 있겠습니다. 이 지진과 큰 우박의 재앙을 당하는 사람들은 공의로우신 하나님을 끝까지 비방합니다.

---

74) (계 6:12) 내가 보니 **여섯째 인을 떼실 때**에 **큰 지진**이 나며 해가 검은 털로 짠 상복 같이 검어지고 달은 온통 피 같이 되며
(계 6:14) 하늘은 두루마리가 말리는 것 같이 떠나가고 **각 산과 섬이 제 자리에서 옮겨지매**

요한계시록 17장

음녀 심판

계시록 17장과 18장은 '대접 재앙'에 종속된 장으로, 시간의 흐름이 이어지는 장이 아닙니다. 시간의 흐름은 16장에서 이미 끝났습니다. 그리고 19장에서 그 시간이 이어집니다. 17장은 '대접 재앙'에서 심판받을 '음녀'에 대한 설명이라는 것을 기억합시다.

1. 음녀

계 17:1 또 일곱 대접을 가진 일곱 천사 중 하나가 와서 내게 말하여 이르되 이리로 오라 많은 물 위에 앉은 큰 음녀가 받을 심판을 네게 보이리라
계 17:2 땅의 임금들도 그와 더불어 음행하였고 땅에 사는 자들도 그 음행의 포도주에 취하였다 하고

계시록에는 두 여자가 나옵니다. 바로 '해를 옷 입은 여자'와 〈음녀〉입니다. 여자는 교회를 말하는데, '해를 옷 입은 여자'는 선한 교회를 나타냅니다. 12장에서는 이 선한 교회가 성도를 양육하여 휴거까지 하게 됨

을 보여줍니다. 〈음녀〉는 타락한 교회를 나타냅니다. 17장에서는 이 부패한 교회의 악행과, 그 심판 받는 모습을 보여 줍니다.

〈땅의 임금들〉은 〈큰 음녀〉와 깊은 관련이 있습니다. 음녀가 앉은 〈많은 물〉은 〈백성과 무리와 열국과 방언들〉[75]로, 전 세계가 이 〈큰 음녀〉의 영향 아래에 있습니다. 〈땅의 임금들〉, 곧 세상 정치를 하는 사람들은 교회와 무관한 것 같은데도 깊은 관련이 있습니다. 2절의 〈음행〉이란, '하나가 되는 것'을 의미합니다. 즉 〈땅의 임금들〉이 음녀와 〈음행〉하는 것은 부패한 교회와 밀접한 관련을 갖는다는 것입니다. 성도들은 이러한 사실을 알고 있어야 속지 않습니다.

〈땅에 사는 자들〉 역시 음행의 포도주에 취하여 정신을 차리지 못합니다. 〈땅에 사는 자들〉에서 '살다'는 [κατοικεω_카토이케오]로, '살다'라는 동사 [oικεω_오이케오]에 전치사 [κατα_카타]가 붙어서 [영원히 살다]라는 의미가 있습니다. 반복하지만 〈땅에 사는 자들〉이란, "땅에서 **영원히** 살 것이라 여기고 살아가는 사람들"입니다. 이 음녀의 포도주에 취한 그들은 '열심'이 있을지 모르나 나그네의 삶이나 본향에는 관심이 없습니다.

2. 붉은 빛 짐승

1) 음녀가 탄 짐승

계 17:3 곧 성령으로 나를 데리고 광야로 가니라 내가 보니 여자

---

[75] (계 17:15) 또 천사가 내게 말하되 네가 본 바 **음녀가 앉아 있는 물은 백성과 무리와 열국과 방언들**이니라

가 붉은 빛 짐승을 탔는데 그 짐승의 몸에 하나님을 모독하는 이

름들이 가득하고 일곱 머리와 열 뿔이 있으며

요한이 광야로 가서 본 이 음녀는 〈붉은 빛 짐승〉을 타고 있습니다. 〈일곱 머리와 열 뿔〉을 가진 이 짐승은 몸에 〈하나님을 모독하는 이름들〉이 가득한데, 마흔두 달 동안 세상 정권을 쥐고 광야로 피한 교회를 박해할 것입니다.

2) 음녀의 이마에 기록된 이름

계 17:4 그 여자는 자주 빛과 붉은 빛 옷을 입고 금과 보석과 진주

로 꾸미고 손에 금 잔을 가졌는데 가증한 물건과 그의 음행의 더

러운 것들이 가득하더라

계 17:5 그의 이마에 이름이 기록되었으니 비밀이라, 큰 바벨론이

라, 땅의 음녀들과 가증한 것들의 어미라 하였더라

음녀는 세상 정권을 올라타고 활용하므로 물질도 많이 가지고 있습니다. 자주 빛과 붉은 빛나는 옷을 입고 금과 보석으로 꾸미고 사치합니다. 그의 〈금 잔〉에는 모든 음행의 더러운 것이 가득합니다. 〈그의 이마에는 이름이 기록되〉어 있는데 〈비밀〉, 〈큰 바벨론〉, 〈땅의 음녀들과 가증한 것들의 어미〉라 하였습니다.

이 여자의 이마에는 〈어린양의 이름이나 그 아버지의 이름〉[76]이 없습

---

76) (계 14:1) 또 내가 보니 보라 어린양이 시온산에 섰고 그와 함께 십사만 사천이 서 있는데 그들의 **이마에는 어린양의 이름과 그 아버지의 이름**을 쓴 것이 있더라

니다. 말은 기독교라 하지만 각국의 모든 종교가 연합이라는 이름으로 함께 섞인 가증한 것들의 어미입니다. 평화롭게 모든 종교를 통합하자는 교회는 이단 중의 이단이 됩니다. 그 배후에 가톨릭이 자리 잡고 있습니다. 그러나 아무도 〈음행〉이라고 말하지 않습니다. 무엇이 왜 잘못인지 분별해야 함에도, 많은 선한 목사들이 그 선한 의도와 취지를 들어 이에 가입하고 동조할 것입니다. 그러나 적은 누룩이 온 교회에 퍼져나갑니다. 때문에 마지막 때에는 각자가 스스로 분별력을 가지고 자신을 지켜야 합니다.

3) 예수의 증인들의 피

> 계 17:6 또 내가 보매 이 여자가 성도들의 피와 예수의 증인들의 피에 취한지라 내가 그 여자를 보고 놀랍게 여기고 크게 놀랍게 여기니
> 계 17:7 천사가 이르되 왜 놀랍게 여기느냐 내가 여자와 그가 탄 일곱 머리와 열 뿔 가진 짐승의 비밀을 네게 이르리라

사도 요한은 이 여자를 보고 매우 크게 놀랐습니다. 〈이 여자〉가 〈성도들의 피와 예수의 증인들의 피에 취하〉였기 때문입니다. 환난의 때에 음녀, 곧 타락한 교회가 성도들과 예수의 증인들을 죽게 한다는 것입니다. 교회가 성도를 죽게 한다는 사실에, 요한은 크게 놀랄 수밖에 없었습니다.

그러나 천사는 요한에게 왜 놀랍게 여기느냐고 합니다. 사도 요한은 처음 보았기 때문에 매우 놀랐지만, 계시록을 읽고 배운 성도는 이러한

사실을 보고 놀랄 것이 아닙니다. 주께서 미리 밝히 보여주셨기 때문입니다. 성도는 앞으로 이러한 일이 일어날 때에 하나님의 뜻이 말씀대로 이루어져 감을 알고, 낙심할 것이 아니라 담대하게 받아들이며 더욱 자신을 지켜야 할 것입니다.

> 계 17:7 천사가 이르되 왜 놀랍게 여기느냐 내가 여자와 그가 탄 일곱 머리와 열 뿔 가진 짐승의 비밀을 네게 이르리라

한편 7절의 〈그가 탄〉은 한글로는 '음녀가 탄' 짐승으로 이해되지만, 그 동사는 [βασταζοντος_바스타존토스]로, [βασταζω_바스타조]의 {분사/현재/능동태/중성/단수/속격}입니다. 이 동사는 [들어올리다, 옮기다, 지탱하다, 지속하다]라는 뜻이므로, '음녀가 탄' 짐승이 아니라 그 뜻은 "음녀를 태운" 짐승이 되겠습니다. 부패한 교회가 악을 행하도록 〈일곱 머리와 열 뿔 가진 짐승〉이, 세상 정치가 이 음녀를 지탱하고 지속하도록 밀어주는 것입니다.

천사는 음녀의 악행을 보고 놀란 사도 요한에게 〈짐승의 비밀〉을 알려주겠다고 합니다.

4) 짐승의 비밀

> 계 17:8 네가 본 짐승은 전에 있었다가 지금은 없으나 장차 무저갱으로부터 올라와 멸망으로 들어갈 자니 땅에 사는 자들로서 창세 이후로 그 이름이 생명책에 기록되지 못한 자들이 이전에 있었다가 지금은 없으나 장차 나올 짐승을 보고 놀랍게 여기리라

〈멸망으로 들어갈〉은 [εἰς ἀπωλειαν ὑπαγειν_에이스 아폴레이안 휘파게인]으로, 동사는 [ὑπαγω_휘파고 : 인도하다]의 {부정사/현재/능동태}로 쓰였고, 이를 직역하면 "멸망으로 인도하기 위하여"가 됩니다. 이 짐승은 그저 멸망으로 혼자 들어가는 것이 아니라, 사람들을 "멸망으로 인도하기 위하여" 무저갱에서 올라오는 것입니다. 이 짐승은 무저갱에서 나와 땅에 사는 자를 미혹하여 모두 멸망으로 이끌어갈 것입니다.

〈창세 이후로 생명책에 이름이 기록되지 못한 자들〉은 장차 이 짐승을 보고 놀랍게 여깁니다. 〈놀랍게 여기리라〉는 동사는 [θαυμαζω_사우마조]로, 그 뜻은 [이상히 여기다, 놀라다, 찬미하다]입니다. 그저 이상히 여기는 것이 아니라, 놀랍게 여기면서 짐승을 칭송하는 것을 말합니다.

> 계 17:8 네가 본 짐승은 전에 있었다가 지금은 없으나 장차 무저갱으로부터 올라와 멸망으로 들어갈 자니 땅에 사는 자들로서 창세 이후로 그 이름이 생명책에 기록되지 못한 자들이 이전에 있었다가 지금은 없으나 장차 나올 짐승을 보고 놀랍게 여기리라

그런데 이 〈그 이름이 생명책에 기록되지 못한 자들〉은 누구입니까? 여기서 '기록하다'는 동사는 [γεγραπται_게그라프타이]인데, {현재완료/수동태}로 쓰였습니다. 이는 '처음부터 기록되지 못한 자'가 아니라, '지금 기록되어 있지 않은 자'입니다 즉 생명책에 "기록되었던 이름이 현재까지 남아있지 않는 자들"을 말합니다. 이전에 예수님을 믿어 이름이 기록된 적은 있었지만, 환난 가운데 믿음을 포기하여 짐승의 표를 받고 그 우상에게 경배하는 자는 생명책에 그 이름이 남아있지 않다는 것입니다.

'생명책에 기록된 이름이 남아있지 않은' 배도자들은 모두 짐승을 보면

서 〈놀랍게 여기〉고 찬미합니다. 그러나 생명책에 기록된 이름을 잘 유지 보존하는 성도는 가증한 짐승을 칭송하지 않습니다. 우리는 이러한 일이 일어날 것을 성경 지식으로 갖추고 있어야 합니다.

5) 일곱 머리

> 계 17:9 지혜 있는 뜻이 여기 있으니 그 일곱 머리는 여자가 앉은 일곱 산이요
> 계 17:10 또 일곱 왕이라 다섯은 망하였고 하나는 있고 다른 하나는 아직 이르지 아니하였으나 이르면 반드시 잠시 동안 머무르리라
> 계 17:11 전에 있었다가 지금 없어진 짐승은 여덟째 왕이니 일곱 중에 속한 자라 그가 멸망으로 들어가리라

짐승의 일곱 머리와 열 뿔은 나라와 왕들을 말합니다. 전통적인 해석에 의하면 일곱 머리의 왕은, ① 애굽, ② 앗수르, ③ 바벨론, ④ 메대 바사, ⑤ 헬라, ⑥ 당대의 로마, 그리고 ⑦ 앞으로 있을 나라를 말합니다. 〈다섯은 망하였〉다고 하였는데, 애굽, 앗수르, 바벨론과 메대 바사, 헬라는 계시록이 기록될 당시 이미 없어졌습니다. 〈하나는 있고〉라 한 나라는 당대의 로마입니다. 그리고 앞선 나라들이 이스라엘을 지배한 나라였듯이 〈아직 이르지 아니한〉 나라도 하나님의 백성을 지배하는 구조를 취할 것입니다.[77] 그러나 이들은 서로 섞이기는 하지만 합해지지 않을 것입니다. 그리고 그 〈여덟째 왕〉은, 일곱 중에 속한 자였으되 대환난을 거치며 둘

---

77) 이 일곱째 나라는 일반적으로 EU로 해석됩니다. 이광복 목사, 『성경 종말론』, p. 306.

째 화가 시작될 때, 세계를 지배하면서 나타나는 통치자가 될 것입니다.

6) 어린양의 승리

> 계 17:14 그들이 어린양과 더불어 싸우려니와 어린양은 만주의
> 주시요 만왕의 왕이시므로 그들을 이기실 터이요 또 그와 함께
> 있는 자들 곧 부르심을 받고 택하심을 받은 진실한 자들도 이기
> 리로다

셋째 화를 당하는 짐승과 왕은 모든 권력을 모아 어린양과 싸울 것입니다. 그러나 〈만주의 주시요 만왕의 왕〉이신 어린양은 〈그들을 이기실〉 것입니다. 그리고 〈그와 함께 있는 자들〉, 곧 부르심을 받은 자, 〈택하심을 받은 진실한 자들도〉 이길 것입니다.

분명히 알아야 할 것은 '어린양과 함께 있는 자들'이 이길 수 있다는 것입니다. 성도가 〈어린양이 어디로 인도하든지 따라가〉[78]야 할 이유가 여기에 있습니다. 우리를 부르시고 택하신 어린양을 따라 진실하게 사는 자들이 이길 수 있습니다.

7) 음녀의 최후

> 계 17:16 네가 본 바 이 열 뿔과 짐승은 음녀를 미워하여 망하게
> 하고 벌거벗게 하고 그의 살을 먹고 불로 아주 사르리라

---

78) (계 14:4) 이 사람들은 여자로 더불어 더럽히지 아니하고 정절이 있는 자라 **어린양이 어디로 인도하든지 따라가는 자**며 사람 가운데서 구속을 받아 처음 익은 열매로 하나님과 어린양에게 속한 자들이니

그런데 이 〈짐승〉은 이제까지 이용하던 〈음녀〉가 쓸모없어지면 그를 〈미워하여 망하게 하고〉 벌거벗기고는 〈그의 살을 먹고〉 불살라 버립니다. 마귀나 악인에게 이용당하는 사람은 언제든지 이용가치가 없어지면 이렇게 버림을 당하게 됩니다. 하나님께서는 음녀에 대한 심판을 이러한 방법으로 이루십니다. 세상 사람들이 자신의 목적을 달성하기 위하여 하는 일 가운데 하나님의 심판이 이루어집니다.

> 계 17:17 이는 하나님이 자기 뜻대로 할 마음을 그들에게 주사 한 뜻을 이루게 하시고 그들의 나라를 그 짐승에게 주게 하시되 하나님의 말씀이 응하기까지 하심이라

〈짐승〉이나 〈음녀〉가 자기 마음대로 하는 것 같지만 그 역시 하나님의 뜻 아래서 이루어지는 것입니다. 하나님을 대적하는 자들도 하나님의 뜻 아래서 그들의 정욕대로 행합니다. 14절에서 그들은 짐승에게 능력과 권세를 주고 어린양과 싸웁니다. 이는 모든 대적자를 한 곳에 모이게 하여 단번에 심판하시는 하나님의 뜻이 이루어지게 하시는 것입니다. 음녀를 심판하실 때에도 그들의 정욕대로 하게 하시며 하나님의 뜻을 이루십니다.

하나님께서는 세상이 〈그들의 나라를 짐승에게〉 주게 하셨는데, 이 〈나라〉가 [βασιλεια_바실레이아]입니다. 이 단어는 〈나라〉라는 뜻도 있지만 "통치권"이라는 뜻도 있는데, 17절에서는 "통치권"이라는 번역이 더 낫겠습니다.

계 17:18 또 네가 본 그 여자는 땅의 왕들을 다스리는 큰 성이라
하더라

〈음녀〉는 세상 정치에 큰 영향을 끼치는 큰 성, 바벨론입니다. 17장에서는 이 음녀의 비밀과 악행을 보였고, 이제 그 심판이 18장에서 다뤄집니다.

요한계시록 18장
바벨론 심판

17장에서는 〈음녀〉와 음녀를 태운 〈짐승의 비밀〉을 보여주었습니다. 〈음녀〉는 교회라 하나 〈바벨론〉, 〈땅의 음녀들과 가증한 것들의 어미〉, 〈땅의 왕들을 다스리는 큰 성〉입니다. 그와 더불어 음행한 세상 왕들과 땅에 거하는 자들은 음녀와 함께 성도들의 피와 예수의 증인들의 피에 취하였습니다. 18장에서는 이 음녀, 곧 바벨론이 대접 재앙으로 심판받는 모습을 보여줍니다.

1. 바벨론이 무너지다

> 계 18:2 힘찬 음성으로 외쳐 이르되 무너졌도다 무너졌도다 큰 성 바벨론이여 귀신의 처소와 각종 더러운 영이 모이는 곳과 각 종 더럽고 가증한 새들이 모이는 곳79)이 되었도다

'대접 재앙'으로 무너진 〈큰 성 바벨론〉은 더럽고 가증한 것들이 모이는 곳이었습니다. 〈가증한〉이라는 [μεμισημενον_메미세메누]는 {분사/완료/수동태/중성/단수/속격]으로 "가증하게 된"이라는 의미입니다. 즉 처

---

79) 스테판 사전에는 2절 끝에 "각종 더럽고 가증한 짐승이 모이는 곳"이라는 말이 더 있습니다.

음에는 그렇지 않았는데 나중에 가증하게 되어버렸다는 뜻입니다.

1) 함께 진노의 포도주를 마신 이들

계 18:3 그 음행의 진노의 포도주로 말미암아 만국이 무너졌으며
또 땅의 왕들이 그와 더불어 음행하였으며 땅의 상인들도 그 사
치의 세력으로 치부하였도다 하더라

2절에서는 〈큰 성 바벨론〉이 무너지고, 3절에서는 〈만국〉이 무너졌
다고 했습니다. 그런데 2절의 〈무너졌도다〉라는 단어는 [πιπτω_피프
토 : 무너지다]의 {부정과거}입니다. 반면 3절의 〈무너졌으며〉라는 단어
는 [πεπωκεν_페포켄]인데, [πινω_피노 : 마시다]의 {완료태}입니다. 〈만
국이 무너졌으며〉가 아니라 "만국이 마셨으며"라고 번역되어야 옳습니
다. 80)

한편 〈사치의 세력〉은 [στρηνος_스트레노스]로, 그저 돈을 많이 쓴다
는 것이 아니라, [방탕생활, 호색, 관능성, 사치, 육욕에 빠짐]이라는 뜻이
있습니다.

3절에 따르면 바벨론과 함께 진노의 포도주를 마시며 음행한 이들은
〈만국〉, 〈땅의 왕들〉, 〈땅의 상인들〉이 됩니다. 타락한 교회와 더불어 음
행하고, 교회의 방탕한 생활로 치부한 이들은 끝내 진노를 당하게 되었
습니다.

---

80) 아마도 [πεπωκεν_페포켄]이 [πιπτω_피프토]와 형태가 비슷한지라 번역시 혼동이 있었을 것으로
보입니다.

2) 오늘날 성도에게 하시는 말씀

계 18:4 또 내가 들으니 하늘로부터 다른 음성이 나서 이르되 내 백성아, 거기서 나와 그의 죄에 참여하지 말고 그가 받을 재앙들을 받지 말라

세상은 타락한 교회와 더불어 권력과 부를 누리면서 음행과 사치와 방탕한 생활을 합니다. 그러나 성도들은 그러한 환경 중에서도 경건한 생활을 해야 합니다. 〈그의 죄에 참여하지 말고〉 〈거기서 나오〉라고 하셨습니다. 이때 〈거기서〉는 [ἐξ αὐτης_엑수테스 : from her]로, 〈거기〉란 "그녀", 즉 〈음녀〉 교회를 나타냅니다.

성도는 타락하고 배도한 교회에서 나와서 그들의 죄에 참여하지 않아야 합니다. 요셉이 음행의 장소를 벗어났듯이 성도들은 음녀의 교회를 벗어나야 할 것입니다. 혹 이제까지 함께 죄를 범한 것에 대하여 걱정하지 말고, 깨달았으면 회개하고 나와야 합니다. 하나님께서는 우리의 연약함을 아시고 회개하는 자를 얼마든지 용서하십니다. 바벨론 교회에 이제까지 있었다고 낙심하지 말고 나와야 합니다. 주님으로부터 〈나오라〉는 말씀을 들은 것이 은혜이고 기회인 줄로 알고 나와서 회개하면 됩니다. 하나님은 성도가 바벨론이 받을 심판 받기를 원치 않으십니다.

3) 갑절로 갚아 주심

계 18:5 그의 죄는 하늘에 사무쳤으며 하나님은 그의 불의한 일을 기억하신지라

계 18:6 그가 (너희에게[ὑμῖν]) 준 그대로 그에게 주고 그의 행위대로 갑절을 갚아 주고 그가 섞은 잔에도 갑절이나 섞어 그에게 주라

계 18:7 그가 얼마나 자기를 영화롭게 하였으며 사치하였든지 그만큼 고통과 애통함으로 갚아 주라 그가 마음에 말하기를 나는 여왕으로 앉은 자요 과부가 아니라 결단코 애통함을 당하지 아니하리라 하니

〈여왕〉과 같았던 음녀 교회는 자신이 심판받을 것을 꿈에도 생각하지 않습니다. 그러나 바벨론이 성도에게 행한 모든 불의는 하나님께서 기억하십니다. 「스테판 사본」에는 6절에 [ὑμῖν_휘민 : 너희에게]이 더 있습니다. 하나님께서는 음녀가 "성도에게" 준 〈행위 대로 갑절〉로 갚아주십니다. 〈고통과 애통함〉으로 갚아 주십니다

출애굽하는 이스라엘에게 악행한 아말렉을 하나님은 기억하고 계셨습니다. 그리고 사울이 왕이 되자 아말렉을 진멸하라 하셨습니다. 성도는 하나님의 심판이 있음을 기억하고 원수 갚는 것을 하나님께 맡깁니다. 오늘날 성도에게 악행하는 자들의 불의를 하나님께서 반드시 기억하시고 심판하심을 알고 끝까지 인내해야 합니다.

4) 대접 재앙은 하루 만에

계 18:8 그러므로 하루 동안에 그 재앙들이 이르리니 곧 사망과 애통함과 흉년이라 그가 또한 불에 살라지리니 그를 심판하시는 주 하나님은 강하신 자이심이라

바벨론 심판은 〈하루 동안에〉, 또는 한 시간만에 이루어집니다. 그의 영화와 사치가 사망과 애통함과 흉년이 됩니다. 그리고 불로 태워질 것입니다. 이를 〈심판하시는 주 하나님은 강하신〉 분이십니다.

2. 바벨론의 무너짐을 바라보는 이들

1) 땅의 왕들의 통곡

계 18:9 그와 함께 음행하고 사치하던 땅의 왕들이 그가 불타는 연기를 보고 위하여 울고 가슴을 치며
계 18:10 그의 고통을 무서워하여 멀리 서서 이르되 화 있도다 화 있도다 큰 성. 견고한 성 바벨론이여 한 시간에 네 심판이 이르렀다 하리로다

음녀와 음행하고 사치한 〈땅의 왕들〉은 바벨론이 불타는 연기를 볼 때에 울며 가슴을 칠 것입니다. 바벨론이 무너지는 것은 〈한 시간〉밖에 걸리지 않습니다. 음녀가 받는 〈고통을 무서워하여 멀리 서서〉 그의 심판을 애곡합니다.

2) 땅의 상인들의 통곡

계 18:11 땅의 상인들이 그를 위하여 울고 애통하는 것은 다시 그들의 상품을 사는 자가 없음이라

계 18:12 그 상품은 금과 은과 보석과 진주와 세마포와 자주 옷감
과 비단과 붉은 옷감이요 각종 향목과 각종 상아 그릇이요 값진
나무와 구리와 철과 대리석으로 만든 각종 그릇이요
계 18:13 계피와 향료와 향과 향유와 유향과 포도주와 감람유와
고운 밀가루와 밀이요 소와 양과 말과 수레와 종들과 사람의 영
혼들이라

〈땅의 상인들〉도 음녀를 위하여 울며 애통합니다. 다시는 그들의 상품을 사는 자가 없습니다. 음녀가 망함으로 자기들의 상업도 끝이 나기 때문입니다. 그들이 사고 파는 다양한 품목 중에는 〈사람의 영혼〉도 있습니다. 이 때에 〈영혼〉에는 [πνευμα_프뉴마 : 영]를 쓰지 않고 [ψυχη_프쉬케 : 인격, 자아]를 썼습니다. 사람의 인격이 돈 때문에 사고 팔릴 수 있다는 것입니다. 돈으로 사람의 인격과 자아를 사고 팔며 돈에 따라 자신을 결정하는 사람들이 얼마든지 있을 수 있습니다. 성도는 하나님께서 보시는 것을 기억하고 그 신앙 인격을 지켜야 할 것입니다.

계 18:15 바벨론으로 말미암아 치부한 이 상품의 상인들이 그의
고통을 무서워하여 멀리 서서 울고 애통하여
계 18:16 이르되 화 있도다 화 있도다 큰 성이여 세마포 옷과 자
주 옷과 붉은 옷을 입고 금과 보석과 진주로 꾸민 것인데
계 18:17 그러한 부가 한 시간에 망하였도다 모든 선장과 각처를
다니는 선객들과 선원들과 바다에서 일하는 자들이 멀리 서서

바벨론으로 치부한 이 〈상인들〉 역시 바벨론의 고통을 멀리 서서 애통

하게 바라볼 뿐입니다. 그 화려하던 큰 성의 부가 〈한 시간〉만에 망했습니다.

17절의 〈그러한 부가 한 시간에 망하였도다〉는 말은 16절 끝에 연결되어 있어야 합니다.

3) 선장과 선객, 선원들의 통곡

계 18:17 그러한 부가 한 시간에 망하였도다 모든 선장과 각처를 다니는 선객들과 선원들과 바다에서 일하는 자들이 멀리 서서

계 18:18 그가 불타는 연기를 보고 외쳐 이르되 이 큰 성과 같은 성이 어디 있느냐 하며

계 18:19 티끌을 자기 머리에 뿌리고 울며 애통하여 외쳐 이르되 화 있도다 화 있도다 이 큰 성이여 바다에서 배 부리는 모든 자들이 너의 보배로운 상품으로 치부하였더니 한 시간에 망하였도다

왕들과 상인 외에도 바벨론과 배로 무역한 〈선장〉 및 선객과 선원과 바다에서 일하는 자들도 애통합니다. 그 큰 성이 단 〈한 시간〉만에 무너질 것이라고 아무도 생각하지 못했습니다.

4) 성도들은 즐거워하라

계 18:20 하늘과 성도들아 사도들과 선지자들아, 그로 말미암아 즐거워하라 하나님이 너희를 위하여 그에게 심판을 행하셨음이라 하더라

계 18:21 이에 한 힘 센 천사가 큰 맷돌 같은 돌을 들어 바다에 던
져 이르되 큰 성 바벨론이 이같이 비참하게 던져져 결코 다시 보
이지 아니하리로다
계 18:24 선지자들과 성도들과 및 땅 위에서 죽임을 당한 모든 자
의 피가 그 성 중에서 발견되었느니라 하더라

〈땅에 거하는 자들〉은 모두 애곡하지만, 하늘에 속한 자들은 유리 바
다 위에서 그 심판을 보고 즐거워합니다. 〈하늘과 성도들과 사도들과 선
지자들〉을 위하여 음녀를 심판하셨기 때문입니다. 〈큰 성 바벨론〉에는
〈선지자와 성도들〉, 땅에서 죽임당한 〈모든 자의 피〉가 발견되었습니다.
배도한 교회가 세상 정권과 함께 하나님의 이름으로 더욱 악행하며 순교
의 피를 흘렸던 것입니다. 그러므로 하나님의 심판은 참되고 의롭습니다.
예수의 증거 때문에 죽은 순교자들의 호소[81]가 이제 응답되었기 때문입
니다.

---

81) (계 6:10) 큰 소리로 불러 이르되 거룩하고 참되신 대주재여 **땅에 거하는 자들을 심판하여
우리 피를 갚아 주지 아니하시기를 어느 때까지 하시려 하나이까** 하니

요한계시록 19장

아마겟돈 전쟁의 모습

18장은 땅에서 심판받는 음녀 바벨론의 모습을 다루었고, 19장에서는 하늘에서 어린양의 신부가 준비된 것과, 아마겟돈 전쟁에서 짐승이 심판받는 모습을 보여줍니다.

1. 할렐루야

> 계 19:1 이 일 후에 내가 들으니 하늘에 허다한 무리의 큰 음성 같은 것이 있어 이르되 할렐루야 구원과 영광과 능력이 우리 하나님께 있도다
>
> 계 19:2 그의 심판은 참되고 의로운지라 음행으로 땅을 더럽게 한 큰 음녀를 심판하사 자기 종들의 피를 그 음녀의 손에 갚으셨도다 하고

하늘에 〈허다한 무리의 큰 음성〉이 〈할렐루야〉로 하나님의 〈구원과 영광과 능력〉을 찬양합니다. 이 소리는 대환난을 이기고 휴거한 14만 4천이 하늘에서 하나님을 찬송하는 소리입니다. 땅을 더럽힌 음녀를 심판하시고 종들의 피값을 갚아 주신 하나님의 심판은 참되고 의롭습니다. 음

녀의 심판이 영원하며 성도들의 상급 또한 영원합니다.

> 계 19:5 보좌에서 음성이 나서 이르시되 하나님의 종들 곧 그를
> 경외하는 너희들아 작은 자나 큰 자나 다 우리 하나님께 찬송하
> 라 하더라
> 계 19:6 또 내가 들으니 허다한 무리의 음성과도 같고 많은 물 소
> 리와도 같고 큰 우렛소리와도 같은 소리로 이르되 할렐루야 주
> 우리 하나님 곧 전능하신 이가 통치하시도다

〈허다한 무리〉의 할렐루야는 〈많은 물 소리〉와도 같고 〈큰 우렛소리〉
와도 같이 전능하신 하나님의 통치를 찬양합니다. 그런데 하나님께 찬송
하는 〈하나님의 종들 곧 그를 경외하는〉 모든 성도들 가운데에는 〈작은
자〉도 있고 〈큰 자〉도 있습니다. 이는 하나님 앞에 '상급의 차등'이 있음
을 의미합니다. 천국에서 모두가 똑같은 것이 아님을 알아야 합니다.

> 계 19:7 우리가 즐거워하고 크게 기뻐하며 그에게 영광을 돌리세
> 어린양의 혼인 기약이 이르렀고 그의 아내가 자신을 준비하였으
> 므로

또한 이들이 크게 기뻐하는 이유는 〈어린양의 혼인 잔치〉가 이르렀고
〈그의 아내가 자신을 준비하였〉기 때문입니다. 이때 〈그의 아내가 자신
을〉 '준비하였다'는 동사는 [ἑτοιμαζω_헤토이마조]의 {부정과거/3인칭/
단수}로, 마태복음 25장의 슬기 있는 다섯 처녀에게 사용된 단어입니다.
함께 신랑을 기다리던 열 처녀 가운데 준비하였던 자들만이 혼인 잔치에

들어갔습니다.

마 25:10 그들이 사러 간 사이에 신랑이 오므로 준비하였던[ἕτοιμος] 자들은 함께 혼인 잔치에 들어가고 문은 닫힌지라

마지막 때에도 하늘에서 〈어린양의 혼인 기약이 이르렀고〉, 그 아내가 준비되었으므로 곧 혼인 잔치가 시작될 것입니다. 이 때는 땅에서 7년의 대환난 기간을 이겨낸 성도들이 마지막 나팔로 휴거하였고, 진노의 대접이 쏟아지며 아마겟돈 전쟁이 코앞인 시점입니다. 재림하시는 주님이 철장으로 다스리시고 진노의 포도주 틀을 밟으신 후, 새 하늘과 새 땅에서 천 년 간 어린양의 혼인 잔치가 있습니다. 그러므로 대환난 기간 동안 공중에서 7년 간 혼인 잔치가 있다는 설은 잘못된 주장입니다.

2. 혼인 잔치와 예복

1) 세마포 옷과 상급 심판

계 19:7 우리가 즐거워하고 크게 기뻐하며 그에게 영광을 돌리세 어린양의 혼인 기약이 이르렀고 그의 아내가 자신을 준비하였으므로
계 19:8 그에게 빛나고 깨끗한 세마포 옷을 입도록 허락하셨으니 이 세마포 옷은 성도들의 옳은 행실이로다 하더라

자신을 준비한 아내에게는 〈빛나고 깨끗한 세마포 옷〉이 주어집니다. 환난을 이기고 나온 성도들이 입게 되는 이 〈세마포 옷〉은 〈성도들의 옳은 행실〉이라 하였습니다. 이 〈옳은 행실〉은 [δικαιωμα_디카이오마]로, 단순히 의로운 행동이 아니라 [법의 효과를 가지도록 의로 여겨지는 것, 사법적인 결정, 판결]이라는 의미가 있습니다. "사법적인 결정"이란 '법적인 효과'가 있다는 것으로, 이때 성도들이 '상급 심판'을 받았음을 유추해 볼 수 있습니다.

> 롬 14:10 네가 어찌하여 네 형제를 비판하느냐 어찌하여 네 형제를 업신
> 여기느냐 우리가 다 하나님의 심판대 앞에 서리라
> 고후 5:10 이는 우리가 다 반드시 그리스도의 심판대 앞에 나타나게 되
> 어 각각 선악간에 그 몸으로 행한 것을 따라 받으려 함이라

성도들도 〈반드시 그리스도의 심판대 앞에〉 섭니다. 그러나 그것은 지옥 가는 심판이 아니라 '상급 심판'을 의미합니다. 이는 '진노의 심판' [κρινω_크리노]가 아닙니다.[82] 위 두 구절의 〈심판대〉란 단어는 [βημα_베마]로, [걸어 올라가는 높은 곳, 법정]을 의미합니다. 우리는 다 반드시 〈그리스도의 심판대〉 앞에서 〈몸으로 행한〉 대로 심판을 받습니다. (계 19:8)의 이 〈옳은 행실〉이라는 "사법적 결정"은 〈그리스도의 심판대〉인 [βημα_베마]에서 〈몸으로 행한 것을 따라 받〉은 '상급 심판의 결과'라 하겠습니다. 천년왕국은 이 〈세마포〉 예복을 입은 허다한 무리가 들어가는 어린양의 혼인 잔치입니다.

---

82) (요 3:18) 그를 믿는 자는 **심판**을 받지 아니하는 것이요 믿지 아니하는 자는 하나님의 독생자의 이름을 믿지 아니하므로 벌써 **심판**을 받은 것이니라

2) 청함을 받은 자들

9절은 또다시 오늘날의 우리에게 하시는 말씀입니다. 〈어린양의 혼인 잔치에 청함을 받은 자들은〉 복이 있습니다. 9절의 〈청함을 받은 자들〉은 [완료태]로 쓰였고, 마태복음 22장에서는 〈청함〉이 명사형으로 되어 있습니다.[83] 이 〈청함〉이 '하나님의 인'을 받은 것이라면, 받은 초청을 끝까지 가지고 있는 자가 대환난을 거치고 이긴 자들이 되겠습니다. 이제 혼인 기약도 되었고 예복도 준비되었으니 어린양의 혼인 잔치가 시작됩니다. 이긴 자들이 왕 노릇 하는 천년왕국입니다. 예복을 준비한 자는 청함 받은 혼인 잔치에 들어갈 수 있습니다. 그러나 이 예복이 없는 자는 바깥 어둠에서 슬피 울며 이를 갈게 될 것입니다.

3) 오직 하나님께 경배하라

---

83) (마 22:14) **청함**을 받은 자는 많되 택함을 입은 자는 적으니라

이에 사도 요한이 천사에게 절하려 하였더니 금하고 〈오직 하나님께 경배하라〉고 합니다. 천사는 우리의 경배 대상이 아닙니다. 〈네 형제들과 같이 된 종〉에서 [συνδουλος_쉰둘로스]는 그저 '신분이 같은 종'이라는 것이 아니라 "같은 주인을 섬기는 종"이라는 뜻입니다.

한편 〈예수의 증언을 받은 네 형제들〉은 누구입니까? 세상에서 예수님을 믿는 사람들은 모두 예수의 증언을 받은 자들입니다. 그러나 믿는 사람 중 선한 교회는 환난을 이기고 여기까지 왔고 배도한 음녀 교회는 진노의 심판을 받았습니다. 둘은 어떤 차이겠습니까? 〈예수의 증언을 받은〉이라는 번역은 조금 아쉽습니다. 여기에서 〈받은〉이라는 동사는 [ἐχοντων_에콘톤]으로, [ἐχω_에코 : have]의 {분사/현재/능동태}입니다. 즉, 형제들이 예수의 증언을 '받았다'가 아니라 "현재 능동적으로 소유하고 있다"는 의미입니다. 즉 환난 가운데서도 "현재까지 예수님의 증언을 능동적으로 가지고 있는 사람들"을 말하는 것입니다.

또한 〈예수의 증언은 예언의 영〉, 즉 성령님입니다. 육신을 따라 행하지 않고 성령의 소욕대로 사는 자가 이기는 자가 됩니다.

4) 상급의 차등

이제 성도의 '상급 심판'에 대하여 생각하여 봅시다. 상급 심판의 결과에 따라서 더 좋은 상급을 받는 사람도 있고 적게 받는 자들도 있을 것입니다. 차등이 있다는 것입니다. 이러한 차등은 어떻게 이루어질까요?

> 마 5:18 진실로 너희에게 이르노니 천지가 없어지기 전에는 율법의 일점 일획도 결코 없어지지 아니하고 다 이루리라

마 5:19 그러므로 누구든지 이 계명 중의 지극히 작은 것 하나라도 버리고 또 그같이 사람을 가르치는 자는 천국에서 지극히 작다 일컬음을 받을 것이요 누구든지 이를 행하며 가르치는 자는 천국에서 크다 일컬음을 받으리라

하나님의 말씀은 〈일점일획도〉 없어지지 않습니다. 그리고 계명을 지킴에 따라서 천국에서 〈지극히 작다 일컬음을 받을 자〉도 있고 〈크다 일컬음을 받〉을 자도 있습니다. 그러므로 계명을 지키고 행한 대로 그 차등이 생김을 알아야 합니다.

고전 15:41 해의 영광이 다르고 달의 영광이 다르며 별의 영광도 다른데 별과 별의 영광이 다르도다
고전 15:42 죽은 자의 부활도 그와 같으니 썩을 것으로 심고 썩지 아니할 것으로 다시 살아나며

천국에서 큰 자와 작은 자가 있듯이 〈빛나고 깨끗한 세마포〉도 차등이 있습니다. 하늘의 해와 달과 별의 영광이 다르고 별과 별들의 영광이 다르듯 부활 때의 영원한 〈세마포〉도 영광의 차등이 있음이 분명합니다.

말 3:16 그 때에 여호와를 경외하는 자들이 피차에 말하매 여호와께서 그것을 분명히 들으시고 여호와를 경외하는 자와 그 이름을 존중히 여기는 자를 위하여 여호와 앞에 있는 기념책에 기록하셨느니라

행한 대로 상급을 주시고자 하나님께서는 여호와를 경외하고 존중히 여기는 자를 위하여 모든 것을 〈기념책〉에 기록하십니다. 성도는 더 큰

영광의 상급을 받도록 노력하는 것이 마땅합니다. 이 지식을 갖추어 성
도는 더 큰 영광의 상급을 위하여 힘쓰는 것이 마땅합니다.

3. 아마겟돈 전쟁의 모습

1) 백마 탄 자

아마겟돈 전쟁은 대접 재앙을 보여주는 16장에서 다룬 바 있습니다.
〈일곱째 나팔〉이 울리자 하나님의 인을 가진 성도들은 휴거하였지만
〈땅에 속한 자들〉은 땅에 남겨져 진노의 대접 재앙을 당했습니다. 그리
고 여섯 번째 대접이 〈큰 강 유브라데〉에 쏟아지자 개구리같이 더러운 세
영을 따르는 자들이 한 곳으로 모여서 왕으로 오시는 그리스도를 대적
하는데, 이 전쟁이 바로 아마겟돈 전쟁입니다. 다시 오시는 예수님은 〈짐
승〉과 〈땅의 왕들〉을 공의로 심판하십니다.

> 계 19:11 또 내가 하늘이 열린 것을 보니 보라 백마와 그것을 탄
> 자가 있으니 그 이름은 충신과 진실이라 그가 공의로 심판하며
> 싸우더라
> 계 19:12 그 눈은 불꽃 같고 그 머리에는 많은 관들이 있고 또 이
> 름 쓴 것 하나가 있으니 자기밖에 아는 자가 없고
> 계 19:13 또 그가 피 뿌린 옷을 입었는데 그 이름은 하나님의 말
> 씀이라 칭하더라
> 계 19:14 하늘에 있는 군대들이 희고 깨끗한 세마포 옷을 입고 백

마를 타고 그를 따르더라

이 백마 탄 자가 만왕의 왕 그리스도이십니다. 〈눈은 불꽃 같고〉 머리에는 많은 왕관을 쓰셨으며 〈피 뿌린 옷〉을 입으셨습니다. 공중에서 주님을 맞이한 성도들은 상급 심판으로 〈희고 깨끗한 세마포〉를 입고, 예수님께서 내려오실 때 〈군대〉와 같이 〈백마를 타고〉 그리스도를 따릅니다. 이것이 그리스도의 재림 장면이 되겠습니다.

2) 진노의 포도주 틀

> 계 19:15 그의 입에서 예리한 검이 나오니 그것으로 만국을 치겠고 친히 그들을 철장으로 다스리며 또 친히 하나님 곧 전능하신 이의 맹렬한 진노의 포도주 틀을 밟겠고
> 계 19:16 그 옷과 그 다리에 이름을 쓴 것이 있으니 만왕의 왕이요 만주의 주라 하였더라

예수님은 그의 입에서 나오는 〈검〉으로 만국을 치시며 그 대적자들을 〈철장〉 다스리십니다. 만국을 심판하시며 〈맹렬한 진노의 포도주 틀을 밟〉는 모습은, 계시록 14장에서 곡식 추수 이후 포도송이 추수 장면을 떠올리게 합니다.

> 계 14:19 천사가 낫을 땅에 휘둘러 땅의 포도를 거두어 하나님의 진노의 큰 포도주 틀에 던지매
> 계 14:20 성 밖에서 그 틀이 밟히니 틀에서 피가 나서 말 굴레에

〈짐승〉과 〈거짓 선지자〉가 〈땅의 왕들〉을 미혹하여 모인 이 전쟁에서 는 〈짐승의 표를 받고 그의 우상에게 경배하던 자들〉, 회개하지 않고 교회와 음행하며 성도들의 피를 흘린 자들이 심판받습니다. 그들을 미혹한 〈짐승〉과 〈거짓 선지자〉는 산 채로 〈유황불〉에 던져지고, 왕이신 예수님을 대적해 싸운 자들은 모두 말씀의 〈검〉으로 죽었습니다.

> 계 19:20 짐승이 잡히고 그 앞에서 표적을 행하던 거짓 선지자도 함께 잡혔으니 이는 짐승의 표를 받고 그의 우상에게 경배하던 자들을 표적으로 미혹하던 자라 이 둘이 산 채로 유황불 붙는 못 에 던져지고
> 계 19:21 그 나머지는 말 탄 자의 입으로부터 나오는 검에 죽으매 모든 새가 그들의 살로 배불리더라

그런데 이 아마겟돈 전쟁에 모든 인류가 참여해 죽은 것은 아닙니다. 뒤이어 20장에서는 옛 뱀이 잡혀 무저갱에 천 년 동안 결박되는 동안, 세 마포를 입고 그리스도와 함께 내려온 군대가 그 거룩한 성에서 천 년 동안 왕노릇합니다. 그러나 '땅에 속한' 나머지 자들은 천 년 동안 그 성 '밖에서' 슬피 울며 이를 갈게 될 것입니다.

요한계시록 20장

천년왕국과 백보좌 심판

1. 첫째 부활

1) 천 년의 결박

계 20:1 또 내가 보매 천사가 무저갱의 열쇠와 큰 쇠사슬을 그의 손에 가지고 하늘로부터 내려와서

계 20:2 용을 잡으니 곧 옛 뱀이요 마귀요 사탄이라 잡아서 천 년 동안 결박하여

계 20:3 무저갱에 던져 넣어 잠그고 그 위에 인봉하여 천 년이 차도록 다시는 만국을 미혹하지 못하게 하였는데 그 후에는 반드시 잠깐 놓이리라

계 20:4 또 내가 보좌들을 보니 거기에 앉은 자들이 있어 심판하는 권세를 받았더라 또 내가 보니 예수를 증언함과 하나님의 말씀 때문에 목 베임을 당한 자들의 영혼들과 또 짐승과 그의 우상에게 경배하지 아니하고 그들의 이마와 손에 그의 표를 받지 아니한 자들이 살아서 그리스도와 더불어 천 년 동안 왕 노릇 하니

19장에서 '아마겟돈 전쟁'은 주님의 승리로, 전쟁에 참여했던 자들은 모두 죽고, 〈용〉은 〈무저갱에 던져〉진 채 〈천 년 동안 결박〉됩니다. 반면 〈예수를 증언함과 하나님의 말씀 때문에〉 순교한 영혼들과, 끝까지 짐승과 우상에게 경배하지 않고 〈그의 표를 받지 아니한 자들〉은 살아서 천 년 동안 〈그리스도와 더불어〉 〈왕 노릇〉합니다. 그러나 땅의 모든 인류가 죽은 것은 아닙니다. 땅에서 짐승의 표를 받고 하나님을 비방했지만, 아마겟돈 전쟁에 참여하지는 않았던 자들이 남았습니다. 〈옛 뱀〉은 그 〈천 년〉이 차기까지 그들을 미혹하지 못합니다.

2) 첫째 부활

> 계 20:5 (그 나머지 죽은 자들은 그 천 년이 차기까지 살지 못하더라) 이는 첫째 부활이라
> 계 20:6 이 첫째 부활에 참여하는 자들은 복이 있고 거룩하도다 둘째 사망이 그들을 다스리는 권세가 없고 도리어 그들이 하나님과 그리스도의 제사장이 되어 천 년 동안 그리스도와 더불어 왕 노릇 하리라

마지막 나팔이 울림으로 부활한 성도들, 살아서 하늘로 끌어 올려간 성도들은 〈첫째 부활〉에 참여한 자들입니다. 이들은 흰 세마포를 입고 천년왕국에서 그리스도와 함께 〈제사장〉으로, 〈왕 노릇〉하는 영광스러운 상급을 얻습니다. 그러나 이때 부활하지 못한 자들을 천 년이 지난 이후에 '심판의 부활'을 하게 됩니다. 성경은 그것을 〈둘째 사망〉이라 하였습니다.

한편, '아마겟돈 전쟁'에 참여하지 않아 살아남은 사람들[84]은 그 천 년간 새 예루살렘 성 밖에서 살아갑니다. 〈옛 뱀〉이 무저갱에 갇혀 있는 동안은 하나님을 대적하지 못하지만, 이후 마귀가 옥에서 잠깐 놓이면 이들은 미혹되어 다시금 하나님을 대적하여 싸울 것입니다.

2. 곡과 마곡의 전쟁

> 계 20:7 천 년이 차매 사탄이 그 옥에서 놓여
>
> 계 20:8 나와서 땅의 사방 백성 곧 곡과 마곡을 미혹하고 모아 싸움을 붙이리니 그 수가 바다의 모래 같으리라
>
> 계 20:9 그들이 지면에 널리 퍼져 성도들의 진과 사랑하시는 성을 두르매 하늘에서 불이 내려와 그들을 태워버리고
>
> 계 20:10 또 그들을 미혹하는 마귀가 불과 유황 못에 던져지니 거기는 그 짐승과 거짓 선지자도 있어 세세토록 밤낮 괴로움을 받으리라

〈천 년이 차매〉 사탄이 무저갱에서 나와 '성 밖에 있는 자들'을 미혹하여 하나님을 대적해 싸우는 것이 '곡과 마곡의 전쟁'입니다. 그들은 '대접 재앙'에서는 죽지 않았지만, 재앙을 겪으면서도 자신의 행위를 회개하지 않고 하나님을 비방하던 자들입니다.[85] 〈곡과 마곡〉을, 천년왕국에서 새로 태어난 자로 보는 이도 있으나, 천국에서는 시집도 장가도 가지

---

84) 본서는 이들을 '곡과 마곡'이라고 봅니다.
85) (계 16:11) 아픈 것과 종기로 말미암아 하늘의 **하나님을 비방하고 그들의 행위를 회개하지 아니하더라**

않고 천사와 같다고 하였습니다.[86] 그들은 '아마겟돈 전쟁'에 직접 참여하지 않았기 때문에 살아남았을 뿐입니다. 성 밖에 살던 〈곡과 마곡〉은 천 년이 차매 〈그 옥에서〉 잠깐 놓인 마귀가 미혹하자 〈바다의 모래〉와 같은 수가 모여 하나님을 대적합니다. 〈곡과 마곡〉은 하나님이 사랑하시는 성을 두르지만 〈하늘에서 불이 내려와〉 모두 타죽게 됩니다. 그들을 미혹한 〈마귀〉는 〈불과 유황 못〉에 던져져 세세토록 괴로움을 받습니다.

3. 백보좌 심판

1) 흰 보좌

계 20:11 또 내가 크고 흰 보좌와 그 위에 앉으신 이를 보니 땅과 하늘이 그 앞에서 피하여 간 데 없더라

'곡과 마곡의 전쟁'으로 이제 '땅에 속한' 모든 사람이 죽었습니다. 〈땅과 하늘이〉 간 데 없는 이유는 이 때가 천년왕국 이후이기 때문입니다. 그리고 이제 〈흰 보좌〉에 앉으신 이가 죽은 자들을 심판하시는데, 이를 보통 '백보좌 심판'이라 합니다.

---

86) (막 12:25) 사람이 죽은 자 가운데서 살아날 때에는 **장가도 아니가고 시집도 아니가고** 하늘에 있는 천사들과 같으니라

2) 생명책과 행위책

> 계 20:12 또 내가 보니 죽은 자들이 큰 자나 작은 자나 그 보좌 앞
> 에 서 있는데 책들이 펴 있고 또 다른 책이 펴졌으니 곧 생명책이
> 라 죽은 자들이 자기 행위를 따라 책들에 기록된 대로 심판을 받
> 으니

백보좌 앞에 펼쳐진 〈책들〉이라고 [복수]로 된 책은 '행위'가 기록된 '행위책'이라고 하겠습니다. 이 〈죽은 자들〉은 이 〈책들〉에 기록된 대로, 〈자기 행위를 따라〉 영원한 심판을 받습니다. 한편, 또 다른 〈책〉이 펴져 있는데 이는 [단수]로 쓰였습니다. 이는 '이름'이 기록된 '생명책'으로 보입니다. '백보좌 심판'은 지옥 가는 심판인데, 도대체 왜 이곳에 '생명책'이 있어야 할까요?

'백보좌 심판'을 받는 자들은 영이 죽은 자[νεκρος_네크로스]입니다. 그들 중에는 처음부터 예수님과 상관없는 자들도 있겠지만, 예수를 믿었음에도 환난 중에 스스로 믿음을 배반하여 짐승의 표를 받고 우상에게 경배한 사람들이 많습니다. 이들의 이름은 전에 〈생명책〉에 기록되어 있었습니다. 그래서 지금 자신이 '백보좌 심판'을 당하는 것이 억울하며 자기 이름은 생명책에 기록되어 있다고 주장합니다. 그러므로 재판하시는 주님께서는 '생명책'을 옆에 두고, 너의 이름을 찾아보라 하십니다. 그러나 아무리 찾아도 지워진 자기 이름은 보이지 않습니다. 이러한 자들에게 지워진 이름을 확인해 주시고자 굳이 〈책〉, 곧 '생명책'이 필요한 것입니다.

3) 둘째 사망과 불못

> 계 20:13 바다가 그 가운데에서 죽은 자들을 내주고 또 사망과 음
> 부도 그 가운데에서 죽은 자들을 내주매 각 사람이 자기의 행위
> 대로 심판을 받고

〈첫째 부활〉에 참여하지 못한 사람들은 '곡과 마곡의 전쟁' 후 〈둘째 사망〉을 위해 모두 다시 삽니다. 이때 〈바다〉가, 또 〈사망과 음부〉가 〈그 가운데 죽은 자들〉을 내줍니다. 그러나 〈주 안에서〉[87] 죽은 성도는 이미 〈첫째 부활〉에 참여하여 세세토록 그리스도와 함께 있습니다. 이 〈둘째 사망〉에서 심판받는 자들의 행위는 다음과 같습니다.

> 계 2:18 그러나 두려워하는 자들과 믿지 아니하는 자들과 흉악한
> 자들과 살인자들과 음행하는 자들과 점술가들과 우상 숭배자들
> 과 거짓말하는 모든 자들은 불과 유황으로 타는 못에 던져지리니
> 이것이 둘째 사망이라

〈바다〉와, 〈사망과 음부〉 '안에서' 죽은 자들이 〈자기의 행위대로 심판을 받고〉, 끝으로 〈사망과 음부〉도 〈불못〉에 던져지는 것이 〈둘째 사망〉입니다.

> 계 20:14 사망과 음부도 불못에 던져지니 이것은 둘째 사망 곧 불

---

87) (계 14:13) 또 내가 들으니 하늘에서 음성이 나서 이르되 기록하라 지금 이후로 **주 안에서 죽는 자들은 복이 있도다** 하시매 성령이 이르시되 그러하다 그들이 수고를 그치고 쉬리니 이는 그들의 행한 일이 따름이라 하시더라

못이라

4) 기록된 이름이 생명책에서 발견되지 않는 자

계 20:15 누구든지 생명책에 기록되지 못한 자는 불못에 던져지
리라

〈생명책에 기록되지 못한 자〉는 〈불못〉에 던져질 것입니다. 이 〈둘째 사망〉에서 행위대로 심판받는 사람들은 생명책에 그 이름이 없었습니다. 그러나 헬라어 원문의 주동사는 '기록하다'가 아니라 [발견하다]라는 뜻의 [εὑρέθη_휴레데]입니다. 이 [εὑρέθη_휴레데]는 [εὑρίσκω_휴리스코]의 {직설법/부정과거/수동태/3인칭/단수}로 쓰여, 15절은 〈누구든지 생명책에〉 "기록된 것이 발견되지 않는" 자가 〈불못에 던져〉진다는 뜻입니다.

즉, 이름이 〈생명책에 기록되지 못한〉 것이 아니라 "기록된 것이 생명책에서 발견되지 않는" 것입니다. 반복하지만, 생명책에서 왜 이름이 발견되지 않습니까? 첫째 이유는 처음부터 기록되지 않았기 때문이며, 둘째로는 기록되었던 것이 '지워졌기 때문'입니다.

성경은 '기록된 이름이 지워진다'고 말합니까? 그렇습니다. 앞서 설명한 바 있지만 다시 정리합니다.

① 출 32:32-33
출 32:32 그러나 이제 그들의 죄를 사하시옵소서 그렇지 아니하시오면
원하건대 주께서 기록하신 책에서 내 이름을 지워 버려 주옵소서

출 32:33 여호와께서 모세에게 이르시되 누구든지 내게 범죄하면 내가
내 책에서 그를 지워 버리리라

② 시 69:27-28

시 69:27 그들의 죄악에 죄악을 더하사 주의 공의에 들어오지 못하게
하소서
시 69:28 그들을 생명책에서 지우사 의인들과 함께 기록되지 말게 하소
서

③ 계 3:5

계 3:5 이기는 자는 이와 같이 흰 옷을 입을 것이요 내가 그 이름을 생명
책에서 결코 지우지 아니하고 그 이름을 내 아버지 앞과 그의 천사들 앞
에서 시인하리라

④ 계 22:19

계 22:19 만일 누구든지 이 두루마리의 예언의 말씀에서 제하여 버리면
하나님이 이 두루마리에 기록된 생명나무(책)와 및 거룩한 성에 참여함
을 제하여 버리시리라

요한계시록 21장
천년왕국은 혼인 잔치

1. 천년왕국은 혼인 잔치

1) 새 하늘과 새 땅

> 계 21:1 또 내가 새 하늘과 새 땅을 보니 처음 하늘과 처음 땅이 없
> 어졌고 바다도 다시 있지 않더라
> 계 21:2 또 내가 보매 거룩한 성 새 예루살렘이 하나님께로부터
> 하늘에서 내려오니 그 준비한 것이 신부가 남편을 위하여 단장한
> 것 같더라

'천년왕국'은 하늘이 아니라 땅에서 이루어집니다. 〈새 하늘과 새 땅〉
에서 이루어집니다. 본서가 계시록 21장을 영원 세계가 아니라 천년왕국
으로 보는 이유는 글로써 묘사되어 있기 때문입니다. 성경에 영원 천국은
말로써 표현할 수 없다고 봅니다. 그런데 글로 기술되어 있는 것을 보면
이는 영원 천국이 아니라 '어린양의 혼인 잔치', 즉 '천년왕국'을 묘사한다
고 하겠습니다.

일곱째 나팔로, 땅의 모든 환난을 이긴 성도들이 휴거하자 땅에는 진

노의 일곱 대접이 쏟아집니다. 큰 지진이 나서 〈섬〉도 없어지고 〈산악〉도 없어져[88] 평지가 된 땅에, 신부가 단장한 것 같은 〈새 예루살렘〉이 하늘로부터 내려옵니다. 성도들은 이 성에서 그리스도와 함께 〈천 년 동안 왕 노릇〉합니다.[89]

이 '천년왕국'은 신부 단장한 교회가 어린양과 혼인 잔치하는 것입니다. (계 19:7, 8)에서 〈어린양의 혼인 기약이 이르렀고 그의 아내가 자신을 준비하였다〉고 하면서 〈빛나고 깨끗한 세마포〉를 입게 하셨습니다. 위 2절에는 〈거룩한 성 새 예루살렘은 신부가 남편을 위하여 단장한 것 같더라〉고 하였고, 9절과 10절에서 〈신부 곧 어린양의 아내를 네게 보이〉겠다며 〈거룩한 성 새 예루살렘〉을 보여주십니다. 즉, 〈새 예루살렘〉은 어린양의 신부(교회)이고, 천년왕국은 어린양의 혼인 잔치 기간이 됩니다.

그러나 7년 대환난 동안에 공중에서 혼인 잔치를 한다는 설은 성경의 근거가 전혀 없습니다. 대환난 기간 동안 성도는 땅에서 나팔소리를 듣고 시시때때로 회개하며, 광야에서 양육을 받습니다. 그 가운데 어린양의 신부로 자신을 준비하다가 〈일곱째 나팔〉이 울리면, 하늘에서 예수님을 영접하고, 〈거룩한 성〉에서 혼인 잔치를 합니다.

2) 이기는 자

계 21:7 이기는 자는 이것들을 상속으로 받으리라 나는 그의 하나님이 되고 그는 내 아들이 되리라

---

88) (계 16:20) 각 섬도 없어지고 산악도 간 데 없더라
89) (계 20:4) 또 내가 보좌들을 보니 거기에 앉은 자들이 있어 심판하는 권세를 받았더라 또 내가 보니 예수를 증언함과 하나님의 말씀 때문에 목베임을 당한 자들의 영혼들과 또 짐승과 그의 우상에게 경배하지 아니하고 그들의 이마와 손에 그의 표를 받지 아니한 자들이 살아서 **그리스도와** 더불어 **천 년 동안 왕 노릇** 하니

계 2:18 그러나 두려워하는 자들과 믿지 아니하는 자들과 흉악한 자들과 살인자들과 음행하는 자들과 점술가들과 우상 숭배자들과 거짓말하는 모든 자들은 불과 유황으로 타는 못에 던져지리니 이것이 둘째 사망이라

이 영광스러운 날을 위하여 대환난 기간 동안 젖먹이 자녀[τεκνον_테크논]은 모든 것을 〈이기는〉 하나님의 아들[υιος_휘오스]로 성장합니다. '장성한 아들'이 되는 것은 중요합니다. 젖먹이 자녀[τεκνον_테크논]로 머문 채 자라지 않으면 천년왕국에 들어가기까지 환난을 견디지 못하기 때문입니다. 환난 중에 성도는 어린양이 어디로 인도하시든지 따라갑니다. 순종하며 회개하여 〈이기는 자〉는 〈생명수 샘물〉을 〈상속으로 받〉지만, 〈두려워하는 자들〉과 흉악한 죄악을 회개하지 않는 자들은 진노를 당하고 〈둘째 사망〉의 해를 받습니다.

2. 어린양의 신부 새 예루살렘

계 21:9 일곱 대접을 가지고 마지막 일곱 재앙을 담은 일곱 천사 중 하나가 나아와서 내게 말하여 이르되 이리 오라 내가 신부 곧 어린양의 아내를 네게 보이리라 하고
계 21:10 성령으로 나를 데리고 크고 높은 산으로 올라가 하나님께로부터 하늘에서 내려오는 거룩한 성 예루살렘을 보이니

어린양의 신부는 교회, 곧 〈거룩한 성 예루살렘〉입니다.

새 예루살렘 성에 있는 12 문 위에 12 지파의 이름이 쓰인 것은 구약의
성도들이 다 참여한다는 것입니다. 또한 12 기초석에 12 사도의 이름이
있는 것은 신약의 모든 성도들도 참여한다는 의미입니다. 즉 천년왕국에
는 구약 성도와 신약의 성도가 모두 참여합니다. 수많은 보석은 신부의
아름다움과 영광을 표현합니다.

새 예루살렘은 성문을 닫는 일이 없지만 〈속된 것이나 가증한 일 또는
거짓말하는 자는 결코〉 들어가지 못하고 오직 이름이 〈생명책에 기록된
자들만〉 들어갈 수 있습니다. 이러한 말씀으로도, 〈새 예루살렘〉 성 밖
에도 사람들이 있음을 알 수 있습니다. 이들은 아마겟돈 전쟁에서 죽지
않았던 자들로, 성 밖에서 살다가 천년왕국이 끝나면 마귀와 함께 하나
님을 대적하는 곡과 마곡입니다.
이상으로 계시록 21장에서 새 예루살렘의 천년왕국 모습을 보았습니
다.

요한계시록 22장

권면의 말씀

먼 길을 달려오셨습니다. 드디어 마지막 장입니다. 21장에서는 신천신지와 어린양의 신부를 보았습니다. 이어진 계시록 22장에서는 어린양의 보좌에서 나오는 생명수와 생명나무를 보여줍니다. 그런데, 이 부분에서 번역에 큰 오류가 있습니다. 이후의 내용은 한글 성경과 완전히 다른 표현이 되므로 주의 깊게 생각하며 읽어주시기 바랍니다. 저도 여러 목사님들께 이야기해 보았으나 동조하는 사람도 있고, 처음 듣는 내용이라 주저하시기도 합니다. 이제 본서가 헬라어를 보고 최초라고 자부하는 번역을 설명하고자 합니다.

1. 생명수의 많은 물

계 22:1 또 그가 수정 같이 맑은 생명수의 강을 내게 보이니 하나님과 및 어린양의 보좌로부터 나와서
계 22:2 길 가운데로 흐르더라 강 좌우에 생명나무가 있어 열두 가지 열매를 맺되 달마다 그 열매를 맺고 그 나무 잎사귀들은 만국을 치료하기 위하여 있더라

먼저 여러분이 이 (계 22:1-2)을 읽고 그대로 그림을 그려보시기 바랍니다. 보좌를 그리고, 보좌에서 생명수가 흘러나와서, 길 가운데로 흐릅니다. 그 큰 길 가운데 흐르는 강 좌우에는 강을 따라서 생명나무가 줄지어 서 있습니다. 맞습니까?

그런데 위의 글에서 〈생명나무〉란 단어는 [ξυλον ζωης_크쉴론 조에스]로, [복수]가 아니라 [단수]입니다. 〈생명나무〉는 단 한 그루를 그려야 합니다. 그러므로 여러분이 그린 그림은 '틀린 그림'입니다. 처음에는 저도 여러분과 똑같은 그림을 그렸습니다. 그런데 헬라어를 보다가 〈생명나무〉가 [단수]임을 알고 당황했습니다. 그러면 왜 이런 틀린 그림을 그리게 될까요? 번역이 잘못되었기 때문입니다. 어떤 단어가 잘못 번역되는지 살펴보겠습니다.

〈강〉이란 단어와 〈길〉이란 단어가 중요합니다. 헬라어 사전을 참고하여 설명하도록 하겠습니다.

1) 〈강〉

> 계 22:1 또 그가 수정 같이 맑은 생명수의 강을 내게 보이니 하나님과 및 어린양의 보좌로부터 나와서

〈강〉이라 번역된 단어는 [ποταμον_포타몬]으로, [강, 시내, 홍수, 강의 흐름, 흐르는 물, 많은 양의 물]이라는 뜻이 있습니다. 즉 〈강〉이란 의미도 있지만 "많은 양의 물"이란 의미도 있습니다. 이 번역을 〈강〉이라고 번역하였기 때문에 이후의 설명이 모두 '흘러가는 강'으로 변질되어 오역됩

니다. (계 21:6)을 보면서 생각하여 보겠습니다.

> 계 21:6 또 내게 말씀하시되 이루었도다 나는 알파와 오메가요
> 처음과 마지막이라 내가 생명수 샘물을 목마른 자에게 값없이 주
> 리니

성경은 〈생명수〉를 말할 때에 늘 〈샘물〉이라고 표현합니다. '강물'이 아니라 〈샘물〉로 표현합니다. 그러므로 위 1절에서도 〈샘물〉에서 나오는 "많은 양의 물"로 번역하는 것이 옳습니다. 보좌로부터 나오는 생명수 샘물이 모든 성도가 마실 수 있을 만큼 풍성하게 나온다는 것입니다.

〈생명수 샘물〉이라고 하면 출애굽 때의 광야 교회가 떠오릅니다. 반석이 따라가면서 물을 공급하였습니다. 그런데, 이 반석에서 나오는 물은 강을 이루룰까요? 반석에서 나오는 물이 강을 이루어 바다로 흘러갈까요? 그렇지 않습니다. 반석에서는 샘처럼 많은 물이 솟아 나왔지만, 강을 이룬 것은 아닙니다. 〈샘물〉의 특성을 잠언에서 살펴봅니다.

> 잠 5:15 너는 네 우물에서 물을 마시며 네 샘에서 흐르는 물을 마시라
> 잠 5:16 어찌하여 네 샘물을 집 밖으로 넘치게 하며 네 도랑물을 거리로
> 흘러가게 하겠느냐
> 잠 5:17 그 물이 네게만 있게 하고 타인과 더불어 그것을 나누지 말라

잠언에서도 〈샘물〉을 〈네게만 있게 하고 타인과 더불어 나누지 말라〉고 하였습니다. 〈생명수 샘물〉은 성도에게만 주어집니다. 밖으로 넘쳐 거리로 흘러가는 일은 없습니다.

또한 산악이 간 데 없는 〈새 하늘과 새 땅〉에는 '바다'가 존재하지 않습니다. 즉, '바다'를 이루게 할 〈강〉 역시 존재하지 않습니다.

2) 〈나와서〉

계 22:1 또 그가 수정 같이 맑은 생명수의 강을 내게 보이니 하나님과 및 어린양의 보좌로부터 나와서

1절 끝의 〈나와서〉는 [ἐκπορευομενον_에크포류오메논]으로, [분사/현재/디포/중성/단수/대격]으로 쓰였습니다. 그 의미는 [나오다, 퍼져 나가다]인데, 앞서 〈강〉으로 번역된 [ποταμον_포타몬]을 수식합니다. [명사/대격]인 [ποταμον_포타몬]을 [분사/대격]으로 수식하므로, 1절은 〈보좌로부터〉 "나오고 있는" "많은 양의 물"이라고 번역해야 합니다.

[και ἐδειζεν μοι   καθαρον ποταμον ὑδατος ζωης,]
그리고 보여주다 내게   깨끗한 **많은 물을**   생명수의
[λαμπρον ὡς κρυσταλλον,]
  맑은   같이   수정
[ἐκπορευομενον ἐκ του θρονου του θεου και του ἀρνιου.]
 나오고 있는   로부터   보좌   하나님의   그리고   어린양의

즉 (계 22:1)을 직역하면, "그리고 그가 하나님의 보좌와 어린양의 보좌로부터 **나오고 있는** 수정같이 맑고 깨끗한 생명수의 많은 양의 물을 나에게 보여 주었다" 정도가 되겠습니다. 즉 주동사는 〈나와서〉가 아니라

'보여 주었다'입니다. 그리고 1절 문장이 끝나는 마침표가 있습니다. 헬라어의 마침표는 정말 마침표입니다.

그럼 이제 2절을 보도록 하겠습니다. 2절에서는 〈길〉이란 단어에 주의하여야 합니다.

2. 넓은 광장

1) 〈길〉

> 계 22:2 길 가운데로 흐르더라 강 좌우에 생명나무가 있어 열두 가지 열매를 맺되 달마다 그 열매를 맺고 그 나무 잎사귀들은 만국을 치료하기 위하여 있더라

2절에서 〈길〉이라고 번역된 [πλατεια_플라테이아]는 [넓은 판, 개방된 광장, 거리, 넓은 곳, 큰 길]이라는 뜻입니다. 〈길〉이라는 뜻도 있지만 "개방된 광장"이라는 뜻도 있습니다.

*길 가운데로
[ἐν μεσω της πλατειας αὐτης,]
안에(가운데) 그 광장 그 성의

또한 〈가운데로〉라는 [ἐν μεσω_엔 메소]의 구조는 [ἐν_엔]+[3격]으로, 그 뜻은 [~안에]라는 것이지 〈가운데〉가 아닙니다. 즉 "광장 안에"가

되겠습니다. 이 〈길 가운데로〉라고 된 [ἐν μεσῳ της πλατειας αὐτης_ 엔 메소 테스 플라테이아스 우테스]는 "그 성의 개방된 광장 안에"라고 번역해야 합니다.

2) 〈흐르더라〉

> 계 22:2 길 가운데로 흐르더라 강 좌우에 생명나무가 있어 열두 가지 열매를 맺되 달마다 그 열매를 맺고 그 나무 잎사귀들은 만국을 치료하기 위하여 있더라

〈흐르더라〉라는 의역의 문제는 원문에 '흐르다'라는 동사가 없다는 것입니다. 이는 1절에서 보좌에서 〈나오더라〉는 단어가 재차 의역된 것입니다. 1절과 2절의 [ποταμον_포타몬]이라는 단어를 〈강〉이라고 잘못 번역했기 때문에 계속해서 '강이 흐른다'라는 오역으로 이어졌습니다.

* 길 가운데로 흐르더라 강
[ἐν μεσῳ   της πλατειας αὐτης,   και του ποταμου,]
안에(가운데) 그 넓은광장 그성의,   그리고 많은 양의 물,

〈강〉과 〈길〉이라고 번역된 [της πλατειας_테스 플라테이아스 : 그 개방된 광장]도 {속격}이고, [του ποταμου_투 포타몬 : 그 많은 양의 물]도 {속격}입니다. 이 둘이 같이 {속격}의 형태를 취하므로, 둘 다 전치사 [ἐν μεσῳ_엔 메소 : ~안에(한가운데)]에 종속되게 번역해야 합니다.

그러므로 2절은 "그 성의 그 개방된 광장 **안에**", 그리고 동격인 "그 많

은 양의 물 **한가운데에**" 〈생명나무가 있어〉로 이어집니다. 즉, 2절 초두는 〈길 가운데로 흐르더라 강〉이 아니라 "그 성의 그 개방된 광장, 곧 그 많은 양의 물 안에"라고 번역해야 합니다.

3) 〈좌우에〉

> 계 22:2 길 가운데로 흐르더라 강 좌우에 생명나무가 있어 열두 가지 열매를 맺되 달마다 그 열매를 맺고 그 나무 잎사귀들은 만국을 치료하기 위하여 있더라

한글 성경에는 〈강 좌우에〉로 되어 있지만, 앞서 〈강〉은 [ἐν μεσῳ_엔 메소 : ~안에(한가운데)]에 종속된 "많은 양의 물"이라 하였고, 〈강〉 바로 뒤에는 반점이 찍혀 있었습니다. 이제 〈좌우에〉는 [ἐντευθεν και ἐντευθεν_엔튜센 카이 엔튜센]입니다. [ἐντευθεν_엔튜센]이란 단어는 [여기, 이곳으로부터]라는 뜻인데, 두 번 반복하였으므로, "바로 여기에"라고 번역하는 것이 옳습니다. 이 반복된 단어를 〈좌우에〉라고 해석할만한 특별한 근거는 없다고 봅니다. 아마도 '흐르는 강'이라는 오역이 〈강 좌우〉라는 오역을 낳은 것으로 보입니다. 앞의 오역이 계속해서 오역을 낳습니다.

여기까지 고친 것을 한 데로 합치면 "그 성의 그 개방된 광장 곧 그 많은 양의 물 안, 바로 여기에" 〈생명나무가 있어〉가 되겠습니다.

4) 한 그루의 생명나무

강 〈좌우에〉 있다고 번역된 〈생명나무〉는 여러 그루라고 이해되지만, 헬라어에서 이 〈생명나무〉는 {단수}이므로, "많은 물 안에 한 그루"로 존재한다고 이해하는 것이 옳습니다. 태초에 에덴 동산 중앙에도 〈생명나무〉는 한 그루였습니다.

> 창 2:9 여호와 하나님이 그 땅에서 보기에 아름답고 먹기에 좋은 나무가 나게 하시니 동산 가운데에는 생명나무와 선악을 알게 하는 나무도 있더라

또한 〈생명나무〉는 "예수 그리스도"를 나타내므로 당연히 한 그루여야 합니다. 본문의 〈생명나무〉도 {단수}로 기록되어 있습니다.

5) 번역 비교

> 계 22:1 또 그가 수정 같이 맑은 생명수의 강을 내게 보이니 하나님과 및 어린양의 보좌로부터 나와서
> 계 22:2 길 가운데로 흐르더라 강 좌우에 생명나무가 있어 열두 가지 열매를 맺되 달마다 그 열매를 맺고 그 나무 잎사귀들은 만국을 치료하기 위하여 있더라

위 개역개정의 말씀에 교정한 번역을 적용하면 다음과 같습니다.

* 본서의 번역(계 22:1-2)

  1 또 그가 수정 같이 맑은 생명수의 많은 물을 내게 보이니 하나님과 및 어린양의 보좌로부터 나오더라

  2 그 성의 개방된 광장 곧 그 많은 양의 물 한가운데 바로 여기에 생명나무가 있어 열두 가지 열매를 맺되 달마다 그 열매를 맺고 그 나무 잎사귀들은 만국을 치료하기 위하여 있더라

3. 마지막 권면

이제 계시록에서 장래 있을 일에 대한 말씀은 다 보았습니다. 그리고 이제 마지막으로 권면하시는 내용들이 되겠습니다.

1) 불의한 자와 의로운 자

> 계 22:11 불의를 행하는 자는 그대로 불의를 행하고 더러운 자는 그대로 더럽고 의로운 자는 그대로 의를 행하고 거룩한 자는 그대로 거룩되게 하라

〈불의를 행하는 자〉[ὁ ἀδικων와 〈더러운 자〉[ὁ ῥυπων]는 모두 {분사/현재/능동태/남성/단수/주격}입니다. 이들은 동사의 {능동분사형}입니다. 지금 타인에게 불의를 능동적으로 행하고 능동적으로 타락된 생활을 하는 사람을 의미합니다.

한편 〈그대로 불의를 행하고〉[ἀδικησατω_아디케사토]와 〈그대로 더

럽고〉[ῥυπωσατω_뤼포사토]는 [명령형/부정과거/능동태/3인칭/단수]로 쓰였습니다. 즉 계속해서 능동적으로 불의를 행하고 타락된 생활을 하라는 것입니다.

반면 〈의로운〉과 〈거룩한〉은 [분사]가 아니라 [형용사]입니다. 〈의로운 자〉[ὁ δικαιος_호 디카이오스]는 하나님의 말씀을 지켜서 의롭게 살아가는 사람을 의미하고, 〈거룩한 자〉[ὁ ἁγιος_호 하기오스]는 하나님께 헌신하며 구별된 생활을 하는 사람을 의미합니다.

그런데 〈의를 행하고〉[δικαιωθητω_이카이오데토]와 〈거룩되게 하라〉[ἁγιασθητω_하기아스데토]는 [명령형/부정과거/수동태/3인칭/단수]로 쓰였습니다. 이 동사들은 [능동태]가 아니고 [수동태]입니다.

의로워지고 거룩해지는 것은 죄와 달리 그저 흘러가는 대로 놔두면 자연스레 되는 것이 아니라 의롭고 거룩하게 되도록 만들어야 하는 것입니다. 그런데, 지금 의롭고 거룩한 사람이 환난 중에도 그대로 지킬 수 있습니다. 11절 말씀대로 지금 불의를 행하는 자는 계속 불의를 행하고, 지금 더러운 자도 그대로 더러운 생활을 합니다. 그리고 의로운 자와 거룩한 자도 그대로 의롭고 거룩하게 생활할 것입니다. 지금은 아무렇게나 살다가 마지막 때에 가서 의롭게 살 것을 생각하면 안 됩니다. 지금 의롭게 살아야 그때에도 의롭게 살 수 있습니다. 환난이 있다고 거룩한 생활을 못하는 것이 아닙니다. 하나님께서 먼저 아시고 할 수 있도록 도우러 오심을 믿고, 끝까지 인내하여 의와 거룩함을 지키는 성도들이 됩시다.

2) 자기 두루마기를 빠는 자들

계 22:14 자기 두루마기를 빠는 자들은 복이 있으니 이는 그들이

생명나무에 나아가며 문들을 통하여 성에 들어갈 권세를 받으려
함이로다

　〈자기 두루마기를 빠는 자들〉은 「알랜드 사본」에 의한 번역입니다. 동
일한 부분이 「스테판 사본」에는 [οἱ ποιουντες τας ἐντολας αὐτου]로,
"그의 계명을 지키는 자들"이라고 되어 있습니다. 이를 짚으려는 것은 어
느 것이 맞느냐고 따지는 것은 아니라 서로 보완하여 더 나은 이해를 하
기 위해서입니다.

　먼저 「알랜드 사본」을 보면, 우리가 두루마기를 잘 지켜서 깨끗함을 유
지하는 것이 아닙니다. 생활하다보면 옷이 더러워질 텐데, 세탁하여서 깨
끗함을 유지하는 것입니다. 즉 회개하여 성결함을 유지하는 것을 말합니
다.

　「스테판 사본」에 의하면, "계명을 지킨다"는 것은 회개하라는 주님의
말씀에 의지하여 순종하는 것입니다. 즉 회개하는 것이 계명을 지키는 것
입니다. 그러므로 두 사본을 서로 보완하면 내용에 전혀 문제가 없고 도
리어 더 잘 설명할 수 있습니다.

3) 성 밖에 있는 사람들

　계 22:15 개들과 점술가들과 음행하는 자들과 살인자들과 우상
　숭배자들과 및 거짓말을 좋아하며 지어내는 자는 다 성 밖에 있
　으리라

　새 예루살렘 〈성 밖〉에는 〈개들과 점술가들과 음행자들과 살인자들

과 우상 숭배자들과 및 거짓말을 좋아하며 지어내는 자들〉이 있습니다. 이들에게는 〈문들을 통하여 성에 들어갈 권세〉가 없습니다. 이들은 모두 불신자입니까? 14절에 의하면, 이들은 "두루마기를 빨지 않은 자들"이며 "계명을 지키지 않은 자들"입니다. 불신자를 가리키는 것이 아닙니다. 애초에 예수님을 믿지 않는 자들은 계명을 지킬 필요도, 지킬 수도 없습니다. 예수 믿는 우리가 죄를 깨달을 때마다 회개하여서 깨끗함을 입습니다. 즉, 〈성 밖〉에 있는 이들은 '예수 믿지 않아서'가 아니라 "회개하지 않았기 때문에" 이기지 못하였고, 성에 들어가지 못했음을 보여줍니다.

헬라어에서는 14절과 16절이 각각 대문자로 시작합니다. 즉 14절과 15절은 서로 연결된 하나의 단락이라는 말입니다. 14절은 성에 들어가는 자들, 15절은 성 밖에 있는 자들로 대구를 이루고 있습니다.

4) 예수의 증언

> 계 22:16 나 예수는 교회들을 위하여 내 사자를 보내어 이것들을 너희에게 증언하게 하였노라 나는 다윗의 뿌리요 자손이니 곧 광명한 새벽 별이라 하시더라

예수님은 〈교회들을 위하여〉 사자를 보내시고, 모든 것을 우리에게 〈증언하게〉 하셨습니다. 우리로 하여금 하나님의 뜻과 비밀을 알게 하신 것입니다. 이 계시의 말씀이 그것입니다. 깜깜한 밤에도 분명히 볼 수 있는 〈새벽 별〉과 같이, 계시록에 담긴 하나님의 뜻을 분명히 알도록 힘써야 합니다.

5) 생명수를 취하라

*계 22:17 성령과 신부가 말씀하시기를 오라 하시는도다 듣는 자
도 오라 할 것이요 목마른 자도 올 것이요 또 원하는 자는 값없이
생명수를 받으라 하시더라*

〈생명수를 받으라〉고 하니 흔히 '달라'고 기도합니다. 그러나 본문은
〈받으라〉가 아닙니다. 이 [λαμβαετω_람바에토]는 [λαμβανω_람바노 :
take]의 [명령형/현재/능동태/3인칭/단수]입니다. '받다(receive)'가 아니라
'취하다(take)'이므로, 〈원하는 자는 값없이 생명수를〉 "능동적으로 취하
라"는 명령입니다. 이 생명수를 직접 자신의 것으로 취하고 상속까지 받
아야 합니다. 물론 주님께서 다 준비하여 놓으셨습니다. 그러나 우리가
능동적으로 갖는 행위는 중요합니다. 값없는 선물이므로 누구든지 가질
수 있지만 나의 능동적인 행위 역시 중요합니다.

6) 생명나무와 생명책

*계 22:18 내가 이 두루마리의 예언의 말씀을 듣는 모든 사람에게
증언하노니 만일 누구든지 이것들 외에 더하면 하나님이 이 두루
마리에 기록된 재앙들을 그에게 더하실 것이요
계 22:19 만일 누구든지 이 두루마리의 예언의 말씀에서 제하여
버리면 하나님이 이 두루마리에 기록된 생명나무와 및 거룩한 성
에 참여함을 제하여 버리시리라*

하나님의 말씀은 일점일획도 변하지 않으며, 우리가 더해서도 제해서도 안됩니다. 있는 그대로 지켜 행해야 합니다. 그렇지 않으면 〈생명나무〉와 〈거룩한 성〉에 참여함을 제하여 버리십니다. 이 때 19절의 〈생명나무〉는 「알랜드 사본」에는 [ξυλου της ζωης_크쉴루 테스 조에스]라 쓰였고, 「스테판 사본」에는 "생명책"[βιβλου της ζωης_비블루 테스 조에스]이라 되어 있습니다. 즉 우리가 〈생명나무〉 또는 "생명책"에서 제외될 수 있음을 알아야 합니다.

7) 속히 오시리라

계 22:20 이것들을 증언하신 이가 이르시되 내가 진실로 속히 오리라 하시거늘 아멘 주 예수여 오시옵소서
계 22:21 주 예수의 은혜가 모든 자들에게 있을지어다 아멘

우리 주님은 진실로 속히 오십니다. 그러므로 우리도 늘 깨어 있어야 합니다. 이 책을 읽는 모든 독자에게 주 예수의 이름으로 은혜와 평강이 있기를 기도합니다. 아멘.

요한계시록 번역 제안

1장

1:1 예수 그리스도의 계시라 이는 하나님이 그에게 주사 반드시 속히 일어날 일들을 그 종들에게 보이시려고 그의 천사를 그 종 요한에게 보내어 알게 하신 것이라

1:2 요한은 하나님의 말씀과 예수 그리스도의 증거 곧 자기가 본 것을 다 증언하였느니라

1:3 이 예언의 말씀을 읽는 자와 듣고 그 가운데에 기록한 것을 지키는 자들은 복이 있나니 때가 가까움이라

1:4 요한은 아시아에 있는 일곱 교회에 편지하노니 이제도 계시고 전에도 계셨고 지금도 오고 계시는 이시며 그의 보좌 앞에 있는 일곱 영과

1:5 또 신실한 증인으로 죽은 자들 가운데에서 중요한 출생을 하신 분이시고 땅의 임금들의 심판자 되신 예수 그리스도로부터 은혜와 평강이 너희에게 있기를 원하노라 우리를 사랑하사 그의 피로 우리 죄에서 우리를 해방하시고

1:6 그의 아버지 하나님께 대하여 우리를 왕들과 제사장들로 삼으신 그에게 영광과 능력이 세세토록 있기를 원하노라 아멘

1:7 볼지어다 그가 구름을 타고 오시리라 각 사람의 눈이 그를 보겠고 그를 찌른 자들도 볼 것이요 땅에 있는 모든 족속이 그로 말미암아 애곡하리니 그러하리라 아멘

1:8 주 하나님이 이르시되 나는 알파와 오메가라 이제도 있고 전에도 있었고 장차 올 자요 전능한 자라 하시더라

1:9 나 요한은 너희 형제요 예수의 환난과 나라와 참음에 동참하는 자라 하나님의 말씀과 예수를 증언하였음으로 말미암아 밧모라 하는 섬에 있었더니

1:10 주의 날에 내가 성령 안에 있었더니 내 뒤에서 나는 나팔 소리 같은 큰

음성을 들으니

1:11 이르되 네가 보는 것을 두루마리에 써서 에베소, 서머나, 버가모, 두아디라, 사데, 빌라델비아, 라오디게아 등 일곱 교회에 보내라 하시기로

1:12 몸을 돌이켜 나에게 말한 음성을 알아 보려고 돌이킬 때에 일곱 금 촛대를 보았는데

1:13 촛대 사이에 인자 같은 이가 발에 끌리는 옷을 입고 가슴에 금띠를 띠고

1:14 그의 머리와 털의 희기가 흰 양털 같고 눈 같으며 그의 눈은 불꽃 같고

1:15 그의 발은 풀무불에 단련한 빛난 주석 같고 그의 음성은 많은 물 소리와 같으며

1:16 그의 오른손에 일곱 별이 있고 그의 입에서 좌우에 날선 검이 나오고 그 얼굴은 해가 힘있게 비치는 것 같더라

1:17 내가 볼 때에 그의 발 앞에 엎드러져 죽은 자 같이 되매 그가 오른손을 내게 얹고 이르시되 두려워하지 말라 나는 처음이요 마지막이니

1:18 곧 살아 있는 자라 내가 전에 죽었었노라 볼지어다 이제 세세토록 살아 있어 사망과 음부의 열쇠를 가졌노니

1:19 그러므로 네가 본 것과 지금 있는 일과 장차 될 일을 기록하라

1:20 네가 본 것은 내 오른손의 일곱 별의 비밀과 또 일곱 금 촛대라 일곱 별은 일곱 교회의 사자요 일곱 촛대는 일곱 교회니라

2장

2:1 에베소 교회의 사자에게 편지하라 오른손에 있는 일곱 별을 붙잡고 일곱 금 촛대 사이를 거니시는 이가 이르시되

2:2 내가 네 행위와 수고와 네 인내를 알고 또 악한 자들을 용납하지 아니한 것과 자칭 사도라 하되 아닌 자들을 시험하여 그의 거짓된 것을 네가 드러낸 것과

2:3 또 네가 참고 내 이름을 위하여 견디고 게으르지 아니한 것을 아노라

2:4 그러나 너를 책망할 것이 있나니 너의 그 중요한 사랑을 버렸느니라

2:5 그러므로 어디서 떨어졌는지를 생각하고 회개하여 중요한 행위를 행하라

만일 그리하지 아니하고 회개하지 아니하면 내가 네게 가서 네 촛대를 그 자리에서 옮기리라

2:6 오직 네게 이것이 있으니 네가 니골라 당의 행위를 미워하는도다 나도 이것을 미워하노라

2:7 귀 있는 자는 성령이 교회들에게 하시는 말씀을 들을지어다 이기는 그에게는 내가 하나님의 낙원에 있는 생명나무의 열매를 주어 먹게 하리라

2:8 서머나 교회의 사자에게 편지하라 처음이며 마지막이요 죽었다가 살아나신 이가 이르시되

2:9 내가 네 환난과 궁핍을 알거니와 실상은 네가 부요한 자니라 자칭 유대인이라 하는 자들의 비방도 알거니와 실상은 유대인이 아니요 사탄의 회당이라

2:10 너는 장차 받을 고난을 두려워하지 말라 볼지어다 마귀가 장차 너희 가운데에서 몇 사람을 옥에 던져 시험을 받게 하리니 너희가 십 일 동안 환난을 받으리라 네가 죽도록 충성하라 그리하면 내가 생명의 면류관을 네게 주리라

2:11 귀 있는 자는 성령이 교회들에게 하시는 말씀을 들을지어다 이기는 자는 둘째 사망의 해를 받지 아니하리라

2:12 버가모 교회의 사자에게 편지하라 좌우에 날선 검을 가지신 이가 이르시되

2:13 네가 어디에 사는지를 내가 아노니 거기는 사탄의 권좌가 있는 데라 네가 내 이름을 굳게 잡아서 내 충성된 증인 안디바가 너희 가운데 곧 사탄이 사는 곳에서 죽임을 당할 때에도 나의 그 믿음을 저버리지 아니하였도다

2:14 그러나 네게 두어 가지 책망할 것이 있나니 거기 네게 발람의 교훈을 지키는 자들이 있도다 발람이 발락을 가르쳐 이스라엘 자손 앞에 걸림돌을 놓아 우상의 제물을 먹게 하였고 또 행음하게 하였느니라

2:15 이와 같이 네게도 니골라 당의 교훈을 지키는 자들이 있도다

2:16 그러므로 회개하라 그리하지 아니하면 내가 네게 속히 가서 내 입의 검으로 그들과 싸우리라

2:17 귀 있는 자는 성령이 교회들에게 하시는 말씀을 들을지어다 이기는 그에게는 내가 감추었던 만나를 주고 또 흰 돌을 줄 터인데 그 돌 위에 새

이름을 기록한 것이 있나니 받는 자 밖에는 그 이름을 알 사람이 없느니라

2:18 두아디라 교회의 사자에게 편지하라 그 눈이 불꽃 같고 그 발이 빛난 주석과 같은 하나님의 아들이 이르시되

2:19 내가 네 사업과 사랑과 믿음과 섬김과 인내를 아노니 네 나중 행위가 서음 것보다 많도다

2:20 그러나 네게 책망할 일이 있노라 자칭 선지자라 하는 여자 이세벨을 네가 용납함이니 그가 내 종들을 가르쳐 꾀어 행음하게 하고 우상의 제물을 먹게 하는도다

2:21 또 내가 그에게 회개할 기회를 주었으되 자기의 음행을 회개하고자 하지 아니하는도다

2:22 볼지어다 내가 그를 침상에 던질 터이요 또 그와 더불어 간음하는 자들도 만일 그의 행위를 회개하지 아니하면 큰 환난 가운데에 던지고

2:23 또 내가 사망 안에서 그의 자녀를 죽이리니 모든 교회가 나는 사람의 뜻과 마음을 살피는 자인 줄 알지라 내가 너희 각 사람의 행위대로 갚아 주리라

2:24 두아디라에 남아 있어 이 교훈을 받지 아니하고 소위 사탄의 깊은 것을 알지 못하는 너희에게 말하노니 다른 짐으로 너희에게 지울 것은 없노라

2:25 다만 너희에게 있는 것을 내가 올 때까지 굳게 잡으라

2:26 이기는 자와 끝까지 내 일을 지키는 그에게 만국을 다스리는 권세를 주리니

2:27 그가 철장을 가지고 그들을 다스려 질그릇 깨뜨리는 것과 같이 하리라 나도 내 아버지께 받은 것이 그러하니라

2:28 내가 또 그에게 새벽 별을 주리라

2:29 귀 있는 자는 성령이 교회들에게 하시는 말씀을 들을지어다

3장

3:1 사데 교회의 사자에게 편지하라 하나님의 일곱 영과 일곱 별을 가지신 이가 이르시되 내가 네 행위를 아노니 네가 살았다 하는 이름은 가졌으나

죽어가고 있다

3:2 너는 일깨어 그 남은 바 죽게 된 것을 굳건하게 하라 내 하나님 앞에 네 행위의 온전한 것을 찾지 못하였노니

3:3 그러므로 네가 어떻게 받았으며 어떻게 들었는지 생각하고 지켜 회개하라 만일 일깨지 아니하면 내가 도둑 같이 이르리니 어느 때에 네게 이를는지 네가 알지 못하리라

3:4 그러나 사데에 그 옷을 더럽히지 아니한 자 몇 명이 네게 있어 흰 옷을 입고 나와 함께 다니리니 그들은 합당한 자인 연고라

3:5 이기는 자는 이와 같이 흰 옷을 입을 것이요 내가 그 이름을 생명책에서 결코 지우지 아니하고 그 이름을 내 아버지 앞과 그의 천사들 앞에서 시인하리라

3:6 귀 있는 자는 성령이 교회들에게 하시는 말씀을 들을지어다

3:7 빌라델비아 교회의 사자에게 편지하라 거룩하고 진실하사 다윗의 열쇠를 가지신 이 곧 열면 닫을 사람이 없고 닫으면 열 사람이 없는 그가 이르시되

3:8 볼지어다 내가 네 앞에 열린 문을 두었으되 능히 닫을 사람이 없으리라 내가 네 행위를 아노니 네가 작은 능력을 가지고서도 내 말을 지키며 내 이름을 배반하지 아니하였도다

3:9 보라 사탄의 회당 곧 자칭 유대인이라 하나 그렇지 아니하고 거짓말 하는 자들 중에서 몇을 네게 주어 그들로 와서 네 발 앞에 절하게 하고 내가 너를 사랑하는 줄을 알게 하리라

3:10 네가 나의 인내의 말씀을 지켰은즉 나도 또한 너를 시험의 때 동안에 지켜줄 것이다 이는 장차 온 세상에 임하여 땅에 거하는 자들을 시험할 때라

3:11 내가 속히 오리니 네가 가진 것을 굳게 잡아 아무도 네 면류관을 빼앗지 못하게 하라

3:12 이기는 자는 내 하나님 성전에 기둥이 되게 하리니 그가 결코 다시 나가지 아니하리라 내가 하나님의 이름과 하나님의 성 곧 하늘에서 내 하나님께로부터 내려오는 새 예루살렘의 이름과 나의 새 이름을 그이 위에

기록하리라

3:13 귀 있는 자는 성령이 교회들에게 하시는 말씀을 들을지어다

3:14 라오디게아 교회의 사자에게 편지하라 아멘이시요 충성되고 참된 증인이시요 하나님의 창조의 근본이신 이가 이르시되

3:15 내가 네 행위를 아노니 네가 차지도 아니하고 뜨겁지도 아니하도다 네가 차든지 뜨겁든지 하기를 원하노라

3:16 네가 이같이 미지근하여 뜨겁지도 아니하고 차지도 아니하니 내 입에서 너를 토하여 버리리라

3:17 네가 말하기를 나는 부자라 부요하여 부족한 것이 없다 하나 네 곤고한 것과 가련한 것과 가난한 것과 눈 먼 것과 벌거벗은 것을 알지 못하는도다

3:18 내가 너를 권하노니 내게서 불로 연단한 금을 사서 부요하게 하고 흰 옷을 사서 입어 벌거벗은 수치를 보이지 않게 하고 안약을 사서 눈에 발라 보게 하라

3:19 무릇 내가 사랑하는 자를 책망하여 징계하노니 그러므로 네가 열심을 내라 회개하라

3:20 볼지어다 내가 문 밖에 서서 두드리노니 누구든지 내 음성을 듣고 문을 열면 내가 그에게로 들어가 그와 더불어 먹고 그는 나와 더불어 먹으리라

3:21 이기는 그에게는 내가 내 보좌에 함께 앉게 하여 주기를 내가 이기고 아버지 보좌에 함께 앉은 것과 같이 하리라

3:22 귀 있는 자는 성령이 교회들에게 하시는 말씀을 들을지어다

4장

4:1 이 일 후에 내가 보니 하늘에 열린 문이 있는데 내가 들은 바 처음에 내게 말하던 나팔 소리 같은 그 음성이 이르되 이리로 올라오라 이 후에 마땅히 일어날 일들을 내가 네게 보이리라 하시더라

4:2 내가 곧 성령 안에 있었더니 보라 하늘에 보좌를 베풀었고 그 보좌 위에 앉으신 이가 있는데

4:3 앉으신 이의 모양이 벽옥과 홍보석 같고 또 무지개가 있어 보좌에 둘렸는데 그 모양이 녹보석 같더라

4:4 또 보좌에 둘려 이십사 보좌들이 있고 그 보좌들 위에 이십사 장로들이 흰 옷을 입고 머리에 금면류관을 쓰고 앉았더라

4:5 보좌로부터 번개와 음성과 우렛소리가 나고 보좌 앞에 컨 등불 일곱이 있으니 이는 하나님의 일곱 영이라

4:6 보좌 앞에 수정과 같은 유리 바다가 있고 보좌 가운데와 보좌 주위에 네 생물이 있는데 앞뒤에 눈들이 가득하더라

4:7 그 첫째 생물은 사자 같고 그 둘째 생물은 송아지 같고 그 셋째 생물은 얼굴이 사람 같고 그 넷째 생물은 날아가는 독수리 같은데

4:8 네 생물은 각각 여섯 날개를 가졌고 그 안과 주위에는 눈들이 가득하더라 그들이 밤낮 쉬지 않고 이르기를 거룩하다 거룩하다 거룩하다 주 하나님 곧 전능하신 이여 전에도 계셨고 이제도 계시고 지금도 오고 계시는 이시라 하고

4:9 그 생물들이 보좌에 앉으사 세세토록 살아 계시는 이에게 영광과 존귀와 감사를 돌릴 때에

4:10 이십사 장로들이 보좌에 앉으신 이 앞에 엎드려 세세토록 살아 계시는 이에게 경배하고 자기의 면류관을 보좌 앞에 드리며 이르되

4:11 우리 주 하나님이여 영광과 존귀와 권능을 받으시는 것이 합당하오니 주께서 만물을 지으신지라 만물이 주의 뜻대로 있었고 또 지으심을 받았나이다 하더라

5장

5:1 내가 보매 보좌에 앉으신 이의 오른손에 두루마리가 있으니 안팎으로 썼고 일곱 인으로 봉하였더라

5:2 또 보매 힘있는 천사가 큰 음성으로 외치기를 누가 그 두루마리를 펴며 그 인을 떼기에 합당하냐 하나

5:3 하늘 위에나 땅 위에나 땅 아래에 능히 그 두루마리를 펴거나 보거나 할

자가 없더라

5:4 그 두루마리를 펴거나 보거나 하기에 합당한 자가 보이지 아니하기로 내가 크게 울었더니

5:5 장로 중의 한 사람이 내게 말하되 울지 말라 유대 지파의 사자 다윗의 뿌리가 이겼으니 그 두루마리와 그 일곱 인을 떼시리라 하더라

5:6 내가 또 보니 보좌와 네 생물과 장로들 사이에 한 어린양이 서 있는데 일찍이 죽임을 당한 것 같더라 그에게 일곱 뿔과 일곱 눈이 있으니 이 눈들은 온 땅에 보내심을 받은 하나님의 일곱 영이더라

5:7 그 어린양이 나아와서 보좌에 앉으신 이의 오른손에서 두루마리를 취하시니라

5:8 그 두루마리를 취하시매 네 생물과 이십사 장로들이 그 어린양 앞에 엎드려 각각 거문고와 향이 가득한 금 대접을 가졌으니 그것들은 성도의 기도들이라

5:9 그들이 새 노래를 불러 이르되 두루마리를 가지시고 그 인봉을 떼기에 합당하시도다 일찍이 죽임을 당하사 각 족속과 방언과 백성과 나라 가운데에서 사람들을 피로 사서 하나님께 드리시고

5:10 그들로 우리 하나님께 대하여 왕들과 제사장들을 삼으셨으니 그들이 땅에서 왕 노릇 하리로다 하더라

5:11 내가 또 보고 들으매 보좌와 생물들과 장로들을 둘러 선 많은 천사의 음성이 있으니 그 수가 만만이요 천천이라

5:12 큰 음성으로 이르되 죽임을 당하신 어린양은 능력과 부와 지혜와 힘과 존귀와 영광과 찬송을 받으시기에 합당하도다 하더라

5:13 내가 또 들으니 하늘 위에와 땅 위에와 땅 아래와 바다 위에와 또 그 가운데 모든 피조물이 이르되 보좌에 앉으신 이와 어린양에게 찬송과 존귀와 영광과 권능을 세세토록 돌릴지어다 하니

5:14 네 생물이 이르되 아멘 하고 장로들은 엎드려 경배하더라

6장

6:1 내가 보매 어린양이 일곱 인 중의 하나를 떼시는데 그 때에 내가 들으니 네 생물 중의 하나가 우렛소리 같이 말하되 오라 하기로

6:2 이에 내가 보니 흰 말이 있는데 그 탄 자가 활을 가졌고 면류관을 받고 나아가서 이기고 또 이기려고 하더라

6:3 둘째 인을 떼실 때에 내가 들으니 둘째 생물이 말하되 오라 하니

6:4 이에 다른 붉은 말이 나오더라 그 탄 자가 허락을 받아 땅에서 화평을 제하여 버리며 서로 죽이게 하고 또 큰 칼을 받았더라

6:5 셋째 인을 떼실 때에 내가 들으니 셋째 생물이 말하되 오라 하기로 내가 보니 검은 말이 나오는데 그 탄 자가 손에 저울을 가졌더라

6:6 내가 네 생물 사이로부터 나는 듯한 음성을 들으니 이르되 한 데나리온에 밀 한 되요 한 데나리온에 보리 석 되로다 또 감람유와 포도주는 해치지 말라 하더라

6:7 넷째 인을 떼실 때에 내가 넷째 생물의 음성을 들으니 말하되 오라 하기로

6:8 내가 보매 청황색 말이 나오는데 그 탄 자의 이름은 사망이니 음부가 그 뒤를 따르더라 그들이 땅 사분의 일의 권세를 얻어 검과 흉년과 사망과 땅의 짐승들로써 죽이더라

6:9 다섯째 인을 떼실 때에 내가 보니 하나님의 말씀과 그들이 가진 증거로 말미암아 죽임을 당한 영혼들이 제단 아래에 있어

6:10 큰 소리로 불러 이르되 거룩하고 참되신 대주재여 땅에 거하는 자들을 심판하여 우리 피를 갚아 주지 아니하시기를 어느 때까지 하시려 하나이까 하니

6:11 각각 그들에게 흰 두루마기를 주시며 이르시되 아직 잠시 동안 쉬되 그들의 동무 종들과 형제들도 자기처럼 죽임을 당하여 그 수가 차기까지 하라 하시더라

6:12 내가 보니 여섯째 인을 떼실 때에 큰 지진이 나며 해가 검은 털로 짠 상복 같이 검어지고 달은 온통 피 같이 되며

6:13 하늘의 별들이 무화과나무가 대풍에 흔들려 설익은 열매가 떨어지는 것 같이 땅에 떨어지며

6:14 하늘은 두루마리가 말리는 것 같이 떠나가고 각 산과 섬이 제 자리에서 옮겨지매

6:15 땅의 임금들과 왕족들과 장군들과 부자들과 강한 자들과 모든 종과 자유인이 굴과 산들의 바위 틈에 숨어

6:16 산들과 바위에게 말하되 우리 위에 떨어져 보좌에 앉으신 이의 얼굴에서와 그 어린양의 진노에서 우리를 가리라

6:17 그들의 진노의 큰 날이 이르렀으니 누가 능히 서리요 하더라

7장

7:1 이 일 후에 내가 네 천사가 땅 네 모퉁이에 선 것을 보니 땅의 사방의 바람을 붙잡아 바람으로 하여금 땅에나 바다에나 각종 나무에 불지 못하게 하더라

7:2 또 보매 다른 천사가 살아 계신 하나님의 인을 가지고 해 돋는 데로부터 올라와서 땅과 바다를 해롭게 할 권세를 받은 네 천사를 향하여 큰 소리로 외쳐

7:3 이르되 우리가 우리 하나님의 종들의 이마에 인치기까지 땅이나 바다나 나무들을 해하지 말라 하더라

7:4 내가 인침을 받은 자의 수를 들으니 이스라엘 자손의 각 지파 중에서 인침을 받은 자들이 십사만 사천이니

7:5 유다 지파 중에 인침을 받은 자가 일만 이천이요 르우벤 지파 중에 일만 이천이요 갓 지파 중에 일만 이천이요

7:6 아셀 지파 중에 일만 이천이요 납달리 지파 중에 일만 이천이요 므낫세 지파 중에 일만 이천이요

7:7 시므온 지파 중에 일만 이천이요 레위 지파 중에 일만 이천이요 잇사갈 지파 중에 일만 이천이요

7:8 스불론 지파 중에 일만 이천이요 요셉 지파 중에 일만 이천이요 베냐민 지파 중에 인침을 받은 자가 일만 이천이라

7:9 이 일 후에 내가 보니 각 나라와 족속과 백성과 방언에서 아무도 능히 셀

수 없는 큰 무리가 나와 흰 옷을 입고 손에 종려 가지를 들고 보좌 앞과 어린양 앞에 서서

7:10 큰 소리로 외쳐 이르되 구원하심이 보좌에 앉으신 우리 하나님과 어린양에게 있도다 하니

7:11 모든 천사가 보좌와 장로들과 네 생물의 주위에 서 있다가 보좌 앞에 엎드려 얼굴을 대고 하나님께 경배하여

7:12 이르되 아멘 찬송과 영광과 지혜와 감사와 존귀와 권능과 힘이 우리 하나님께 세세토록 있을지어다 아멘 하더라

7:13 장로 중 하나가 응답하여 나에게 이르되 이 흰 옷 입은 자들이 누구며 또 어디서 왔느냐

7:14 내가 말하기를 내 주여 당신이 아시나이다 하니 그가 나에게 이르되 이는 큰 환난에서 나오는 자들인데 어린양의 피에 그 옷을 씻어 희게 하였느니라

7:15 그러므로 그들이 하나님의 보좌 앞에 있고 또 그의 성전에서 밤낮 하나님을 섬기매 보좌에 앉으신 이가 그들 위에 장막을 치시리니

7:16 그들이 다시는 주리지도 아니하며 목마르지도 아니하고 해나 아무 뜨거운 기운이 그들 위에 떨어지지 아니하리니

7:17 이는 보좌 가운데에 계신 어린양이 그들의 목자가 되사 생명수 샘 위에서 인도하시고 하나님께서 그들의 눈에서 모든 눈물을 씻어 주실 것임이라

8장

8:1 일곱째 인을 떼실 때에 하늘이 반 시간쯤 고요하더니

8:2 내가 보매 하나님 앞에 일곱 천사가 서 있어 일곱 나팔을 받았더라

8:3 또 다른 천사가 와서 제단 곁에 서서 금 향로를 가지고 많은 향을 받았으니 이는 모든 성도의 기도와 합하여 보좌 앞 금 제단에 드리고자 함이라

8:4 향연이 성도의 기도와 함께 천사의 손으로부터 하나님 앞으로 올라가는지라

8:5 천사가 향로를 가지고 제단의 불을 담다가 땅에 쏟으매 우레와 음성과

번개와 지진이 나더라

8:6 일곱 나팔을 가진 일곱 천사가 나팔 불기를 준비하더라

8:7 첫째 천사가 나팔을 부니 피 섞인 우박과 불이 나와서 땅에 쏟아지매 땅의
　　삼분의 일이 타 버리고 수목의 삼분의 일노 타 버리고 각종 푸른 풀도 타
　　버렸더라

8:8 둘째 천사가 나팔을 부니 불 붙는 큰 산과 같은 것이 바다에 던져지매
　　바다의 삼분의 일이 피가 되고

8:9 바다 가운데 생명 가진 피조물들의 삼분의 일이 죽고 배들의 삼분의 일이
　　깨지더라

8:10 셋째 천사가 나팔을 부니 횃불 같이 타는 큰 별이 하늘에서 떨어져 강들의
　　삼분의 일과 여러 물샘에 떨어지니

8:11 이 별 이름은 쓴 쑥이라 물의 삼분의 일이 쓴 쑥이 되매 그 물이 쓴 물이
　　되므로 많은 사람이 죽더라

8:12 넷째 천사가 나팔을 부니 해 삼분의 일과 달 삼분의 일과 별들의 삼분의
　　일이 타격을 받아 그 삼분의 일이 어두워지니 낮 삼분의 일은 비추임이
　　없고 밤도 그러하더라

8:13 내가 또 보고 들으니 공중에 날아가는 독수리가 큰 소리로 이르되 땅에
　　사는 자들에게 화, 화, 화가 있으리니 이는 세 천사들이 불어야 할 나팔
　　소리가 남아 있음이로다 하더라

9장

9:1 다섯째 천사가 나팔을 불매 내가 보니 하늘에서 땅에 떨어진 별 하나가
　　있는데 그가 무저갱의 열쇠를 받았더라

9:2 그가 무저갱을 여니 그 구멍에서 큰 화덕의 연기 같은 연기가 올라오매 해와
　　공기가 그 구멍의 연기로 말미암아 어두워지며

9:3 또 황충이 연기 가운데로부터 땅 위에 나오매 그들이 땅에 있는 전갈의
　　권세와 같은 권세를 받았더라

9:4 그들에게 이르시되 땅의 풀이나 푸른 것이나 각종 수목은 해하지 말고 오직

이마에 하나님의 인을 갖고 있지 아니한 사람들만 해하라 하시더라

9:5 그러나 그들을 죽이지는 못하게 하시고 다섯 달 동안 괴롭게만 하게 하시는데 그 괴롭게 함은 전갈이 사람을 쏠 때에 괴롭게 함과 같더라

9:6 그 날에는 사람들이 죽기를 구하여도 죽지 못하고 죽고 싶으나 죽음이 그들을 피하리로다

9:7 황충들의 모양은 전쟁을 위하여 준비한 말들 같고 그 머리에 금 같은 면류관 비슷한 것을 썼으며 그 얼굴은 사람의 얼굴 같고

9:8 또 여자의 머리털 같은 머리털이 있고 그 이빨은 사자의 이빨 같으며

9:9 또 철 호심경 같은 호심경이 있고 그 날개들의 소리는 병거와 많은 말들이 전쟁터로 달려 들어가는 소리 같으며

9:10 또 전갈과 같은 꼬리와 쏘는 살이 있어 그 꼬리에는 다섯 달 동안 사람들을 해하는 권세가 있더라

9:11 그들에게 왕이 있으니 무저갱의 사자라 히브리어로는 그 이름이 아바돈이요 헬라어로는 그 이름이 아볼루온이더라

9:12 첫째 화는 지나갔으나 보라 아직도 이 후에 화 둘이 이르리로다

9:13 여섯째 천사가 나팔을 불매 내가 들으니 하나님 앞 금 제단 네 뿔에서 한 음성이 나서

9:14 나팔 가진 여섯째 천사에게 말하기를 큰 강 유브라데에 결박한 네 천사를 놓아 주라 하매

9:15 네 천사가 놓였으니 그들은 그 년 월 일 시에 이르러 사람 삼분의 일을 죽이기로 준비된 자들이더라

9:16 마병대의 수는 이만 만이니 내가 그들의 수를 들었노라

9:17 이같은 환상 가운데 그 말들과 그 위에 탄 자들을 보니 불빛과 자줏빛과 유황빛 호심경이 있고 또 말들의 머리는 사자 머리 같고 그 입에서는 불과 연기와 유황이 나오더라

9:18 이 세 재앙 곧 자기들의 입에서 나오는 불과 연기와 유황으로 말미암아 사람 삼분의 일이 죽임을 당하니라

9:19 이 말들의 힘은 입과 꼬리에 있으니 꼬리는 뱀 같고 또 꼬리에 머리가 있어 이것으로 해하더라

9:20 이 재앙에 죽지 않고 남은 사람들은 손으로 행한 일을 회개하지 아니하고 오히려 여러 귀신과 또는 보거나 듣거나 다니거나 하지 못하는 금, 은, 동과 목석의 우상에게 절하고

9:21 또 그 살인과 복술과 음행과 도둑질을 회개하지 아니하더라

10장

10:1 내가 또 보니 힘 센 다른 천사가 구름을 입고 하늘에서 내려오는데 그 머리 위에 무지개가 있고 그 얼굴은 해 같고 그 발은 불기둥 같으며

10:2 그 손에는 펴 놓인 작은 두루마리를 들고 그 오른 발은 바다를 밟고 왼 발은 땅을 밟고

10:3 사자가 부르짖는 것 같이 큰 소리로 외치니 그가 외칠 때에 일곱 우레가 그 소리를 내어 말하더라

10:4 일곱 우레가 말을 할 때에 내가 기록하려고 하다가 곧 들으니 하늘에서 소리가 나서 말하기를 일곱 우레가 말한 것을 인봉하고 기록하지 말라 하더라

10:5 내가 본 바 바다와 땅을 밟고 서 있는 천사가 하늘을 향하여 오른손을 들고

10:6 세세토록 살아 계신 이 곧 하늘과 그 가운데에 있는 물건이며 땅과 그 가운데에 있는 물건이며 바다와 그 가운데에 있는 물건을 창조하신 이를 가리켜 맹세하여 이르되 지체하지 아니하리니

10:7 일곱째 천사가 소리 내는 날 그의 나팔을 불려고 할 때에 하나님이 그의 종 선지자들에게 전하신 복음과 같이 하나님의 그 비밀이 이루어지리라 하더라

10:8 하늘에서 나서 내게 들리던 음성이 또 내게 말하여 이르되 네가 가서 바다와 땅을 밟고 서 있는 천사의 손에 펴 놓인 두루마리를 가지라 하기로

10:9 내가 천사에게 나아가 작은 두루마리를 달라 한즉 천사가 이르되 갖다 먹어 버리라 네 배에는 쓰나 네 입에는 꿀 같이 달리라 하거늘

10:10 내가 천사의 손에서 작은 두루마리를 갖다 먹어 버리니 내 입에는 꿀 같이 다나 먹은 후에 내 배에서는 쓰게 되더라

10:11 그가 내게 말하기를 네가 많은 백성과 나라와 방언과 임금에게 다시 예언하여야 하리라 하더라

11장

11:1 또 내게 지팡이 같은 갈대를 주며 말하기를 일어나서 하나님의 성전과 제단과 그 안에서 경배하는 자들을 측량하되

11:2 성전 바깥 마당은 측량하지 말고 그냥 두라 이것은 이방인에게 주었은즉 그들이 거룩한 성을 마흔두 달 동안 짓밟으리라

11:3 내가 나의 두 증인에게 권세를 주리니 그들이 굵은 베옷을 입고 천이백육십 일을 예언하리라

11:4 그들은 이 땅의 주 앞에 서 있는 두 감람나무와 두 촛대니

11:5 만일 누구든지 그들을 해하고자 하면 그들의 입에서 불이 나와서 그들의 원수를 삼켜 버릴 것이요 누구든지 그들을 해하고자 하면 반드시 그와 같이 죽임을 당하리라

11:6 그들이 권능을 가지고 하늘을 닫아 그 예언을 하는 날 동안 비가 오지 못하게 하고 또 권능을 가지고 물을 피로 변하게 하고 아무 때든지 원하는 대로 여러 가지 재앙으로 땅을 치리로다

11:7 그들이 그 증언을 마칠 때에 무저갱으로부터 올라오는 짐승이 그들과 더불어 전쟁을 일으켜 그들을 이기고 그들을 죽일 터인즉

11:8 그들의 시체가 큰 성 길에 있으리니 그 성은 영적으로 하면 소돔이라고도 하고 애굽이라고도 하니 곧 그들의 주께서 십자가에 못 박히신 곳이라

11:9 백성들과 족속과 방언과 나라 중에서 사람들이 그 시체를 사흘 반 동안을 보며 무덤에 장사하지 못하게 하리로다

11:10 이 두 선지자가 땅에 사는 자들을 괴롭게 한 고로 땅에 사는 자들이 그들의 죽음을 즐거워하고 기뻐하여 서로 예물을 보내리라 하더라

11:11 삼 일 반 후에 하나님께로부터 생기가 그들 속에 들어가매 그들이 발로

일어서니 구경하는 자들이 크게 두려워하더라

11:12 하늘로부터 큰 음성이 있어 이리로 올라오라 함을 그들이 듣고 구름을 타고 하늘로 올라가니 그들의 원수들도 구경하더라

11:13 그 때에 큰 지진이 나서 성 십분의 일이 무너지고 지진에 죽은 사람이 칠천이라 그 남은 자들이 두려워하여 영광을 하늘의 하나님께 돌리더라

11:14 둘째 화는 지나갔으나 보라 셋째 화가 속히 이르는도다

11:15 일곱째 천사가 나팔을 불매 하늘에 큰 음성들이 나서 이르되 세상 나라가 우리 주와 그의 그리스도의 나라가 되어 그가 세세토록 왕 노릇 하시리로다 하니

11:16 하나님 앞에서 자기 보좌에 앉아 있던 이십사 장로가 엎드려 얼굴을 땅에 대고 하나님께 경배하여

11:17 이르되 감사하옵나니 옛적에도 계셨고 지금도 계신 주 하나님 곧 전능하신 이여 친히 큰 권능을 잡으시고 왕 노릇 하시도다

11:18 이방들이 분노하매 주의 진노가 내려 죽은 자를 심판하시며 종 선지자들과 성도들과 또 작은 자든지 큰 자든지 주의 이름을 경외하는 자들에게 상 주시며 또 땅을 망하게 하는 자들을 멸망시키실 때로소이다 하더라

11:19 이에 하늘에 있는 하나님의 성전이 열리니 성전 안에 하나님의 언약궤가 보이며 또 번개와 음성들과 우레와 지진과 큰 우박이 있더라

12장

12:1 하늘에 큰 이적이 보이니 해를 옷 입은 한 여자가 있는데 그 발 아래에는 달이 있고 그 머리에는 열두 별의 면류관을 썼더라

12:2 이 여자가 아이를 배어 해산하게 되매 아파서 애를 쓰며 부르짖더라

12:3 하늘에 또 다른 이적이 보이니 보라 한 큰 붉은 용이 있어 머리가 일곱이요 뿔이 열이라 그 여러 머리에 일곱 왕관이 있는데

12:4 그 꼬리가 하늘의 별 삼분의 일을 끌어다가 땅에 던지더라 용이 해산하려는 여자 앞에서 그가 해산하면 그 아이를 삼키고자 하더니

12:5 여자가 아들을 낳으니 이는 장차 철장으로 만국을 다스릴 남자라 그 아이를 하나님 앞과 그 보좌 앞으로 올려가더라

12:6 그 여자가 광야로 도망하매 거기서 천이백육십 일 동안 그를 양육하기 위하여 하나님께서 예비하신 곳이 있더라

12:7 하늘에 전쟁이 있으니 미가엘과 그의 사자들이 용과 더불어 싸울새 용과 그의 사자들도 싸우나

12:8 이기지 못하여 다시 하늘에서 그들이 있을 곳을 얻지 못한지라

12:9 큰 용이 내쫓기니 옛 뱀 곧 마귀라고도 하고 사탄이라고도 하며 온 천하를 꾀는 자라 그가 땅으로 내쫓기니 그의 사자들도 그와 함께 내쫓기니라

12:10 내가 또 들으니 하늘에 큰 음성이 있어 이르되 이제 우리 하나님의 구원과 능력과 나라와 또 그의 그리스도의 권세가 나타났으니 우리 형제들을 참소하던 자 곧 우리 하나님 앞에서 밤낮 참소하던 자가 쫓겨났고

12:11 또 우리 형제들이 어린양의 피와 자기들이 증언하는 말씀으로써 그를 이겼으니 그들은 죽기까지 자기들의 생명을 아끼지 아니하였도다

12:12 그러므로 하늘과 그 가운데에 거하는 자들은 즐거워하라 그러나 땅과 바다는 화 있을진저 이는 마귀가 자기의 때가 얼마 남지 않은 줄을 알므로 크게 분내어 너희에게 내려갔음이라 하더라

12:13 용이 자기가 땅으로 내쫓긴 것을 보고 남자를 낳은 여자를 박해하는지라

12:14 그 여자가 큰 독수리의 두 날개를 받아 광야 자기 곳으로 날아가 거기서 그 뱀의 낯을 피하여 한 때와 두 때와 반 때를 양육 받으매

12:15 여자의 뒤에서 뱀이 그 입으로 물을 강 같이 토하여 여자를 물에 떠내려 가게 하려 하되

12:16 땅이 여자를 도와 그 입을 벌려 용의 입에서 토한 강물을 삼키니

12:17 용이 여자에게 분노하여 돌아가서 그 여자의 남은 자손 곧 하나님의 계명을 지키며 예수의 증거를 가진 자들과 더불어 싸우려고 바다 모래 위에 서 있더라

13장

13:1 내가 보니 바다에서 한 짐승이 나오는데 뿔이 열이요 머리가 일곱이라 그 뿔에는 열 왕관이 있고 그 머리들에는 신성 모독 하는 이름들이 있더라

13:2 내가 본 짐승은 표범과 비슷하고 그 발은 곰의 발 같고 그 입은 사자의 입 같은데 용이 자기의 능력과 보좌와 큰 권세를 그에게 주었더라

13:3 그의 머리 하나가 상하여 죽게 된 것 같더니 그 죽게 되었던 상처가 나으매 온 땅이 놀랍게 여겨 짐승을 따르고

13:4 용이 짐승에게 권세를 주므로 용에게 경배하며 짐승에게 경배하여 이르되 누가 이 짐승과 같으냐 누가 능히 이와 더불어 싸우리요 하더라

13:5 또 짐승이 과장되고 신성 모독을 말하는 입을 받고 또 마흔두 달 동안 일할 권세를 받으니라

13:6 짐승이 입을 벌려 하나님을 향하여 비방하되 그의 이름과 그의 장막 곧 하늘에 사는 자들을 비방하더라

13:7 또 권세를 받아 성도들과 싸워 이기게 되고 각 족속과 백성과 방언과 나라를 다스리는 권세를 받으니

13:8 죽임을 당한 어린양의 생명책에 창세 이후로 이름이 기록되지 못하고 이 땅에 사는 자들은 다 그 짐승에게 경배하리라

13:9 누구든지 귀가 있거든 들을지어다

13:10 사로잡힐 자는 사로잡혀 갈 것이요 칼에 죽을 자는 마땅히 칼에 죽을 것이니 성도들의 인내와 믿음이 여기 있느니라

13:11 내가 보매 또 다른 짐승이 땅에서 올라오니 어린양 같이 두 뿔이 있고 용처럼 말을 하더라

13:12 그가 먼저 나온 짐승의 모든 권세를 그 앞에서 행하고 땅과 땅에 사는 자들을 처음 짐승에게 경배하게 하니 곧 죽게 되었던 상처가 나은 자니라

13:13 큰 이적을 행하되 심지어 사람들 앞에서 불이 하늘로부터 땅에 내려오게 하고

13:14 짐승 앞에서 받은 바 이적을 행함으로 땅에 거하는 자들을 미혹하며 땅에 거하는 자들에게 이르기를 칼에 상하였다가 살아난 짐승을 위하여 우상을 만들라 하더라

13:15 그가 권세를 받아 그 짐승의 우상에게 생기를 주어 그 짐승의 우상으로 말하게 하고 또 짐승의 우상에게 경배하지 아니하는 자는 몇이든지 다 죽이게 하더라

13:16 그가 모든 자 곧 작은 자나 큰 자나 부자나 가난한 자나 자유인이나 종들에게 그 오른손에나 이마에 표를 받게 하고

13:17 누구든지 이 표를 가진 자 외에는 매매를 못하게 하니 이 표는 곧 짐승의 이름이나 그 이름의 수라

13:18 지혜가 여기 있으니 총명한 자는 그 짐승의 수를 세어 보라 그것은 사람의 수니 그의 수는 육백육십육이니라

14장

14:1 또 내가 보니 보라 어린양이 시온 산에 섰고 그와 함께 십사만 사천이 서 있는데 그들의 이마에는 어린양의 이름과 그 아버지의 이름을 쓴 것이 있더라

14:2 내가 하늘에서 나는 소리를 들으니 많은 물 소리와도 같고 큰 우렛소리와도 같은데 내가 들은 소리는 거문고 타는 자들이 그 거문고를 타는 것 같더라

14:3 그들이 보좌 앞과 네 생물과 장로들 앞에서 새 노래를 부르니 땅에서 속량함을 받은 십사만 사천 밖에는 능히 이 노래를 배울 자가 없더라

14:4 이 사람들은 여자와 더불어 더럽히지 아니하고 순결한 자라 어린양이 어디로 인도하든지 따라가는 자며 사람 가운데에서 속량함을 받아 처음 익은 열매로 하나님과 어린양에게 속한 자들이니

14:5 그 입에 거짓말이 없고 흠이 없는 자들이더라

14:6 또 보니 다른 천사가 공중에 날아가는데 땅에 거주하는 자들 곧 모든 민족과 종족과 방언과 백성에게 전할 영원한 복음을 가졌더라

14:7 그가 큰 음성으로 이르되 하나님을 두려워하며 그에게 영광을 돌리라 이는 그의 심판의 시간이 이르렀음이니 하늘과 땅과 바다와 물들의 근원을 만드신 이를 경배하라 하더라

14:8 또 다른 천사 곧 둘째가 그 뒤를 따라 말하되 무너졌도다 무너졌도다 큰
　　　성 바벨론이여 모든 나라에게 그의 음행으로 말미암아 진노의 포도주를
　　　먹이던 자로다 하더라

14:9 또 다른 천사 곧 셋째가 그 뒤를 따라 큰 음성으로 이르되 만일 누구든지
　　　짐승과 그의 우상에게 경배하고 이마에나 손에 표를 받으면

14:10 그도 하나님의 진노의 포도주를 마시리니 그 진노의 잔에 섞인 것이 없이
　　　부은 포도주라 거룩한 천사들 앞과 어린양 앞에서 불과 유황으로 고난을
　　　받으리니

14:11 그 고난의 연기가 세세토록 올라가리로다 짐승과 그의 우상에게
　　　경배하고 그의 이름 표를 받는 자는 누구든지 밤낮 쉼을 얻지 못하리라
　　　하더라

14:12 성도들의 인내가 여기 있나니 그들은 하나님의 계명과 예수에 대한
　　　믿음을 지키는 자니라

14:13 또 내가 들으니 하늘에서 음성이 나서 이르되 기록하라 지금 이후로
　　　주 안에서 죽는 자들은 복이 있도다 하시매 성령이 이르시되 그러하다
　　　그들이 수고를 그치고 쉬리니 이는 그들의 행한 일이 따름이라 하시더라

14:14 또 내가 보니 흰 구름이 있고 구름 위에 인자와 같은 이가 앉으셨는데 그
　　　머리에는 금 면류관이 있고 그 손에는 예리한 낫을 가졌더라

14:15 또 다른 천사가 성전으로부터 나와 구름 위에 앉은 이를 향하여 큰
　　　음성으로 외쳐 이르되 당신의 낫을 휘둘러 거두소서 땅의 곡식이 다 익어
　　　거둘 때가 이르렀음이니이다 하니

14:16 구름 위에 앉으신 이가 낫을 땅에 휘두르매 땅의 곡식이 거두어지니라

14:17 또 다른 천사가 하늘에 있는 성전에서 나오는데 역시 예리한 낫을
　　　가졌더라

14:18 또 불을 다스리는 다른 천사가 제단으로부터 나와 예리한 낫 가진 자를
　　　향하여 큰 음성으로 불러 이르되 네 예리한 낫을 휘둘러 땅의 포도송이를
　　　거두라 그 포도가 익었느니라 하더라

14:19 천사가 낫을 땅에 휘둘러 땅의 포도를 거두어 하나님의 진노의 큰
　　　포도주 틀에 던지매

14:20 성 밖에서 그 틀이 밟히니 틀에서 피가 나서 말 굴레에까지 닿았고 천육백 스다디온에 퍼졌더라

15장

15:1 또 하늘에 크고 이상한 다른 이적을 보매 일곱 천사가 일곱 재앙을 가졌으니 곧 마지막 재앙이라 하나님의 진노가 이것으로 마치리로다

15:2 또 내가 보니 불이 섞인 유리 바다 같은 것이 있고 짐승과 그의 우상과 그의 이름의 수를 이기고 벗어난 자들이 유리 바다 위에 서서 하나님의 거문고를 가지고

15:3 하나님의 종 모세의 노래, 어린양의 노래를 불러 이르되 주 하나님 곧 전능하신 이시여 하시는 일이 크고 놀라우시도다 만국의 왕이시여 주의 길이 의롭고 참되시도다

15:4 주여 누가 주의 이름을 두려워하지 아니하며 영화롭게 하지 아니하오리이까 오직 주만 거룩하시니이다 주의 의로우신 일이 나타났으매 만국이 와서 주께 경배하리이다 하더라

15:5 또 이 일 후에 내가 보니 하늘에 증거 장막의 성전이 열리며

15:6 일곱 재앙을 가진 일곱 천사가 성전으로부터 나와 맑고 빛난 세마포 옷을 입고 가슴에 금 띠를 띠고

15:7 네 생물 중의 하나가 영원토록 살아 계신 하나님의 진노를 가득히 담은 금 대접 일곱을 그 일곱 천사들에게 주니

15:8 하나님의 영광과 능력으로 말미암아 성전에 연기가 가득 차매 일곱 천사의 일곱 재앙이 마치기까지는 성전에 능히 들어갈 자가 없더라

16장

16:1 또 내가 들으니 성전에서 큰 음성이 나서 일곱 천사에게 말하되 너희는 가서 하나님의 진노의 일곱 대접을 땅에 쏟으라 하더라

16:2 첫째 천사가 가서 그 대접을 땅에 쏟으매 짐승의 표를 받은 사람들과 그

우상에게 경배하는 자들에게 악하고 독한 종기가 나더라

16:3 둘째 천사가 그 대접을 바다에 쏟으매 바다가 곧 죽은 자의 피 같이 되니 바다 가운데 모든 생물이 죽더라

16:4 셋째 천사가 그 대접을 강과 물 근원에 쏟으매 피가 되더라

16:5 내가 들으니 물을 차지한 천사가 이르되 전에도 계셨고 지금도 계신 거룩하신 이여 이렇게 심판하시니 의로우시도다

16:6 그들이 성도들과 선지자들의 피를 흘렸으므로 그들에게 피를 마시게 하신 것이 합당하니이다 하더라

16:7 또 내가 들으니 제단이 말하기를 그러하다 주 하나님 곧 전능하신 이시여 심판하시는 것이 참되시고 의로우시도다 하더라

16:8 넷째 천사가 그 대접을 해에 쏟으매 해가 권세를 받아 불로 사람들을 태우니

16:9 사람들이 크게 태움에 태워진지라 이 재앙들을 행하는 권세를 가지신 하나님의 이름을 비방하며 또 회개하지 아니하고 주께 영광을 돌리지 아니하더라

16:10 또 다섯째 천사가 그 대접을 짐승의 왕좌에 쏟으니 그 나라가 곧 어두워지며 사람들이 아파서 자기 혀를 깨물고

16:11 아픈 것과 종기로 말미암아 하늘의 하나님을 비방하고 그들의 행위를 회개하지 아니하더라

16:12 또 여섯째 천사가 그 대접을 큰 강 유브라데에 쏟으매 강물이 말라서 동방에서 오는 왕들의 길이 예비되었더라

16:13 또 내가 보매 개구리 같은 세 더러운 영이 용의 입과 짐승의 입과 거짓 선지자의 입에서 나오니

16:14 그들은 귀신의 영이라 이적을 행하여 온 천하 왕들에게 가서 하나님 곧 전능하신 이의 큰 날에 있을 전쟁을 위하여 그들을 모으더라

16:15 보라 내가 도둑 같이 오리니 누구든지 깨어 자기 옷을 지켜 벌거벗고 다니지 아니하며 자기의 부끄러움을 보이지 아니하는 자는 복이 있도다

16:16 그가 히브리어로 아마겟돈이라 하는 곳으로 왕들을 모으더라

16:17 일곱째 천사가 그 대접을 공중에 쏟으매 큰 음성이 성전에서 보좌로부터

나서 이르되 되었다 하시니

16:18 번개와 음성들과 우렛소리가 있고 또 큰 지진이 있어 얼마나 큰지 사람이 땅에 있어 온 이래로 이같이 큰 지진이 없었더라

16:19 큰 성이 세 갈래로 갈라지고 만국의 성들도 무너지니 큰 성 바벨론이 하나님 앞에 기억하신 바 되어 그의 맹렬한 진노의 포도주 잔을 받으매

16:20 각 섬도 없어지고 산악도 간 데 없더라

16:21 또 무게가 한 달란트나 되는 큰 우박이 하늘로부터 사람들에게 내리매 사람들이 그 우박의 재앙 때문에 하나님을 비방하니 그 재앙이 심히 큼이러라

17장

17:1 또 일곱 대접을 가진 일곱 천사 중 하나가 와서 내게 말하여 이르되 이리로 오라 많은 물 위에 앉은 큰 음녀가 받을 심판을 네게 보이리라

17:2 땅의 임금들도 그와 더불어 음행하였고 땅에 사는 자들도 그 음행의 포도주에 취하였다 하고

17:3 곧 성령으로 나를 데리고 광야로 가니라 내가 보니 여자가 붉은 빛 짐승을 탔는데 그 짐승의 몸에 하나님을 모독하는 이름들이 가득하고 일곱 머리와 열 뿔이 있으며

17:4 그 여자는 자주 빛과 붉은 빛 옷을 입고 금과 보석과 진주로 꾸미고 손에 금 잔을 가졌는데 가증한 물건과 그의 음행의 더러운 것들이 가득하더라

17:5 그의 이마에 이름이 기록되었으니 비밀이라, 큰 바벨론이라, 땅의 음녀들과 가증한 것들의 어미라 하였더라

17:6 또 내가 보매 이 여자가 성도들의 피와 예수의 증인들의 피에 취한지라 내가 그 여자를 보고 놀랍게 여기고 크게 놀랍게 여기니

17:7 천사가 이르되 왜 놀랍게 여기느냐 내가 여자와 그가 탄 일곱 머리와 열 뿔 가진 짐승의 비밀을 네게 이르리라

17:8 네가 본 짐승은 전에 있었다가 지금은 없으나 장차 무저갱으로부터 올라와 멸망으로 들어갈 자니 땅에 사는 자들로서 창세 이후로 그 이름이

생명책에 기록되지 못한 자들이 이전에 있었다가 지금은 없으나 장차 나올 짐승을 보고 놀랍게 여기리라

17:9 지혜 있는 뜻이 여기 있으니 그 일곱 머리는 여자가 앉은 일곱 산이요

17:10 또 일곱 왕이니 다섯은 망하였고 하나는 있고 다른 하나는 아직 이르지 아니하였으나 이르면 반드시 잠시 동안 머무르리라

17:11 전에 있었다가 지금 없어진 짐승은 여덟째 왕이니 일곱 중에 속한 자라 그가 멸망으로 들어가리라

17:12 네가 보던 열 뿔은 열 왕이니 아직 나라를 얻지 못하였으나 다만 짐승과 더불어 임금처럼 한동안 권세를 받으리라

17:13 그들이 한 뜻을 가지고 자기의 능력과 권세를 짐승에게 주더라

17:14 그들이 어린양과 더불어 싸우려니와 어린양은 만주의 주시요 만왕의 왕이시므로 그들을 이기실 터이요 또 그와 함께 있는 자들 곧 부르심을 받고 택하심을 받은 진실한 자들도 이기리로다

17:15 또 천사가 내게 말하되 네가 본 바 음녀가 앉아 있는 물은 백성과 무리와 열국과 방언들이니라

17:16 네가 본 바 이 열 뿔과 짐승은 음녀를 미워하여 망하게 하고 벌거벗게 하고 그의 살을 먹고 불로 아주 사르리라

17:17 이는 하나님이 자기 뜻대로 할 마음을 그들에게 주사 한 뜻을 이루게 하시고 그들의 나라를 그 짐승에게 주게 하시되 하나님의 말씀이 응하기까지 하심이라

17:18 또 네가 본 그 여자는 땅의 왕들을 다스리는 큰 성이라 하더라

18장

18:1 이 일 후에 다른 천사가 하늘에서 내려 오는 것을 보니 큰 권세를 가졌는데 그의 영광으로 땅이 환하여지더라

18:2 힘찬 음성으로 외쳐 이르되 무너졌도다 무너졌도다 큰 성 바벨론이여 귀신의 처소와 각종 더러운 영이 모이는 곳과 각종 더럽고 가증한 새들이 모이는 곳이 되었도다

18:3 그 음행의 진노의 포도주로 만국이 마셨으며 또 땅의 왕들이 그와 더불어 음행하였으며 땅의 상인들도 그 사치의 세력으로 치부하였도다 하더라

18:4 또 내가 들으니 하늘로부터 다른 음성이 나서 이르되 내 백성아, 거기서 나와 그의 죄에 참여하지 말고 그가 받을 재앙들을 받지 말라

18:5 그의 죄는 하늘에 사무쳤으며 하나님은 그의 불의한 일을 기억하신지라

18:6 그가 준 그대로 그에게 주고 그의 행위대로 갑절을 갚아 주고 그가 섞은 잔에도 갑절이나 섞어 그에게 주라

18:7 그가 얼마나 자기를 영화롭게 하였으며 사치하였든지 그만큼 고통과 애통함으로 갚아 주라 그가 마음에 말하기를 나는 여왕으로 앉은 자요 과부가 아니라 결단코 애통함을 당하지 아니하리라 하니

18:8 그러므로 하루 동안에 그 재앙들이 이르리니 곧 사망과 애통함과 흉년이라 그가 또한 불에 살라지리니 그를 심판하시는 주 하나님은 강하신 자이심이라

18:9 그와 함께 음행하고 사치하던 땅의 왕들이 그가 불타는 연기를 보고 위하여 울고 가슴을 치며

18:10 그의 고통을 무서워하여 멀리 서서 이르되 화 있도다 화 있도다 큰 성, 견고한 성 바벨론이여 한 시간에 네 심판이 이르렀다 하리로다

18:11 땅의 상인들이 그를 위하여 울고 애통하는 것은 다시 그들의 상품을 사는 자가 없음이라

18:12 그 상품은 금과 은과 보석과 진주와 세마포와 자주 옷감과 비단과 붉은 옷감이요 각종 향목과 각종 상아 그릇이요 값진 나무와 구리와 철과 대리석으로 만든 각종 그릇이요

18:13 계피와 향료와 향과 향유와 유향과 포도주와 감람유와 고운 밀가루와 밀이요 소와 양과 말과 수레와 종들과 사람의 영혼들이라

18:14 바벨론아 네 영혼이 탐하던 과일이 네게서 떠났으며 맛있는 것들과 빛난 것들이 다 없어졌으니 사람들이 결코 이것들을 다시 보지 못하리로다

18:15 바벨론으로 말미암아 치부한 이 상품의 상인들이 그의 고통을 무서워하여 멀리 서서 울고 애통하여

18:16 이르되 화 있도다 화 있도다 큰 성이여 세마포 옷과 자주 옷과 붉은 옷을

입고 금과 보석과 진주로 꾸민 것인데

18:17 그러한 부가 한 시간에 망하였도다 모든 선장과 각처를 다니는 선객들과 선원들과 바다에서 일하는 자들이 멀리 서서

18:18 그가 불타는 연기를 보고 외쳐 이르되 이 큰 성과 같은 성이 어디 있느냐 하며

18:19 티끌을 자기 머리에 뿌리고 울며 애통하여 외쳐 이르되 화 있도다 화 있도다 이 큰 성이여 바다에서 배 부리는 모든 자들이 너의 보배로운 상품으로 치부하였더니 한 시간에 망하였도다

18:20 하늘과 성도들과 사도들과 선지자들아, 그로 말미암아 즐거워하라 하나님이 너희를 위하여 그에게 심판을 행하셨음이라 하더라

18:21 이에 한 힘 센 천사가 큰 맷돌 같은 돌을 들어 바다에 던져 이르되 큰 성 바벨론이 이같이 비참하게 던져져 결코 다시 보이지 아니하리로다

18:22 또 거문고 타는 자와 풍류하는 자와 퉁소 부는 자와 나팔 부는 자들의 소리가 결코 다시 네 안에서 들리지 아니하고 어떠한 세공업자든지 결코 다시 네 안에서 보이지 아니하고 또 맷돌 소리가 결코 다시 네 안에서 들리지 아니하고

18:23 등불 빛이 결코 다시 네 안에서 비치지 아니하고 신랑과 신부의 음성이 결코 다시 네 안에서 들리지 아니하리로다 너의 상인들은 땅의 왕족들이라 네 복술로 말미암아 만국이 미혹되었도다

18:24 선지자들과 성도들과 및 땅 위에서 죽임을 당한 모든 자의 피가 그 성 중에서 발견되었느니라 하더라

19장

19:1 이 일 후에 내가 들으니 하늘에 허다한 무리의 큰 음성 같은 것이 있어 이르되 할렐루야 구원과 영광과 능력이 우리 하나님께 있도다

19:2 그의 심판은 참되고 의로운지라 음행으로 땅을 더럽게 한 큰 음녀를 심판하사 자기 종들의 피를 그 음녀의 손에 갚으셨도다 하고

19:3 두 번째로 할렐루야 하니 그 연기가 세세토록 올라가더라

19:4 또 이십사 장로와 네 생물이 엎드려 보좌에 앉으신 하나님께 경배하여 이르되 아멘 할렐루야 하니

19:5 보좌에서 음성이 나서 이르시되 하나님의 종들 곧 그를 경외하는 너희들아 작은 자나 큰 자나 다 우리 하나님께 찬송하라 하더라

19:6 또 내가 들으니 허다한 무리의 음성과도 같고 많은 물 소리와도 같고 큰 우렛소리와도 같은 소리로 이르되 할렐루야 주 우리 하나님 곧 전능하신 이가 통치하시도다

19:7 우리가 즐거워하고 크게 기뻐하며 그에게 영광을 돌리세 어린양의 혼인 기약이 이르렀고 그의 아내가 자신을 준비하였으므로

19:8 그에게 빛나고 깨끗한 세마포 옷을 입도록 허락하셨으니 이 세마포 옷은 성도들의 옳은 행실이로다 하더라

19:9 천사가 내게 말하기를 기록하라 어린양의 혼인 잔치에 청함을 받은 자들은 복이 있도다 하고 또 내게 말하되 이것은 하나님의 참되신 말씀이라 하기로

19:10 내가 그 발 앞에 엎드려 경배하려 하니 그가 나에게 말하기를 나는 너와 및 예수의 증언을 받은 네 형제들과 같이 된 종이니 삼가 그리하지 말고 오직 하나님께 경배하라 예수의 증언은 예언의 영이라 하더라

19:11 또 내가 하늘이 열린 것을 보니 보라 백마와 그것을 탄 자가 있으니 그 이름은 충신과 진실이라 그가 공의로 심판하며 싸우더라

19:12 그 눈은 불꽃 같고 그 머리에는 많은 왕관들이 있고 또 이름 쓴 것 하나가 있으니 자기밖에 아는 자가 없고

19:13 또 그가 피 뿌린 옷을 입었는데 그 이름은 하나님의 말씀이라 칭하더라

19:14 하늘에 있는 군대들이 희고 깨끗한 세마포 옷을 입고 백마를 타고 그를 따르더라

19:15 그의 입에서 예리한 검이 나오니 그것으로 만국을 치겠고 친히 그들을 철장으로 다스리며 또 친히 하나님 곧 전능하신 이의 맹렬한 진노의 포도주 틀을 밟겠고

19:16 그 옷과 그 다리에 이름을 쓴 것이 있으니 만왕의 왕이요 만주의 주라 하였더라

19:17 또 내가 보니 한 천사가 태양 안에 서서 공중에 나는 모든 새를 향하여
큰 음성으로 외쳐 이르되 와서 하나님의 큰 잔치에 모여

19:18 왕들의 살과 장군들의 살과 장사들의 살과 말들과 그것을 탄 자들의
살과 자유인들이나 종들이나 작은 자나 큰 자나 모든 자의 살을 먹으라
하더라

19:19 또 내가 보매 그 짐승과 땅의 임금들과 그들의 군대들이 모여 그 말 탄
자와 그의 군대와 더불어 전쟁을 일으키다가

19:20 짐승이 잡히고 그 앞에서 표적을 행하던 거짓 선지자도 함께 잡혔으니
이는 짐승의 표를 받고 그의 우상에게 경배하던 자들을 표적으로
미혹하던 자라 이 둘이 산 채로 유황불 붙는 못에 던져지고

19:21 그 나머지는 말 탄 자의 입으로부터 나오는 검에 죽으매 모든 새가
그들의 살로 배불리더라

20장

20:1 또 내가 보매 천사가 무저갱의 열쇠와 큰 쇠사슬을 그의 손에 가지고
하늘로부터 내려와서

20:2 용을 잡으니 곧 옛 뱀이요 마귀요 사탄이라 잡아서 천 년 동안 결박하여

20:3 무저갱에 던져 넣어 잠그고 그 위에 인봉하여 천 년이 차도록 다시는
만국을 미혹하지 못하게 하였는데 그 후에는 반드시 잠깐 놓이리라

20:4 또 내가 보좌들을 보니 거기에 앉은 자들이 있어 심판하는 권세를
받았더라 또 내가 보니 예수를 증언함과 하나님의 말씀 때문에 목 베임을
당한 자들의 영혼들과 또 짐승과 그의 우상에게 경배하지 아니하고
그들의 이마와 손에 그의 표를 받지 아니한 자들이 살아서 그리스도와
더불어 천 년 동안 왕 노릇 하니

20:5 (그 나머지 죽은 자들은 그 천 년이 차기까지 살지 못하더라) 이는 첫째
부활이라

20:6 이 첫째 부활에 참여하는 자들은 복이 있고 거룩하도다 둘째 사망이
그들을 다스리는 권세가 없고 도리어 그들이 하나님과 그리스도의

제사장이 되어 천 년 동안 그리스도와 더불어 왕 노릇 하리라

20:7 천 년이 차매 사탄이 그 옥에서 놓여

20:8 나와서 땅의 사방 백성 곧 곡과 마곡을 미혹하고 모아 싸움을 붙이리니 그 수가 바다의 모래 같으리라

20:9 그들이 지면에 널리 퍼져 성도들의 진과 사랑하시는 성을 두르매 하늘에서 불이 내려와 그들을 태워버리고

20:10 또 그들을 미혹하는 마귀가 불과 유황 못에 던져지니 거기는 그 짐승과 거짓 선지자도 있어 세세토록 밤낮 괴로움을 받으리라

20:11 또 내가 크고 흰 보좌와 그 위에 앉으신 이를 보니 땅과 하늘이 그 앞에서 피하여 간 데 없더라

20:12 또 내가 보니 죽은 자들이 큰 자나 작은 자나 그 보좌 앞에 서 있는데 책들이 펴 있고 또 다른 책이 펴졌으니 곧 생명책이라 죽은 자들이 자기 행위를 따라 책들에 기록된 대로 심판을 받으니

20:13 바다가 그 가운데에서 죽은 자들을 내주고 또 사망과 음부도 그 가운데에서 죽은 자들을 내주매 각 사람이 자기의 행위대로 심판을 받고

20:14 사망과 음부도 불못에 던져지니 이것은 둘째 사망 곧 불못이라

20:15 누구든지 생명책에 기록된 것이 발견되지 않는 자는 불못에 던져지더라

21장

21:1 또 내가 새 하늘과 새 땅을 보니 처음 하늘과 처음 땅이 없어졌고 바다도 다시 있지 않더라

21:2 또 내가 보매 거룩한 성 새 예루살렘이 하나님께로부터 하늘에서 내려오니 그 준비한 것이 신부가 남편을 위하여 단장한 것 같더라

21:3 내가 들으니 보좌에서 큰 음성이 나서 이르되 보라 하나님의 장막이 사람들과 함께 있으매 하나님이 그들과 함께 계시리니 그들은 하나님의 백성이 되고 하나님은 친히 그들과 함께 계셔서

21:4 모든 눈물을 그 눈에서 닦아 주시니 다시는 사망이 없고 애통하는 것이나 곡하는 것이나 아픈 것이 다시 있지 아니하리니 처음 것들이 다

지나갔음이러라

21:5 보좌에 앉으신 이가 이르시되 보라 내가 만물을 새롭게 하노라 하시고 또 이르시되 이 말은 신실하고 참되니 기록하라 하시고

21:6 또 내게 말씀하시되 이루었도다 나는 알파와 오메가요 처음과 마지막이라 내가 생명수 샘물을 목마른 자에게 값없이 주리니

21:7 이기는 자는 이것들을 상속으로 받으리라 나는 그의 하나님이 되고 그는 내 아들이 되리라

21:8 그러나 두려워하는 자들과 믿지 아니하는 자들과 흉악한 자들과 살인자들과 음행하는 자들과 점술가들과 우상 숭배자들과 거짓말하는 모든 자들은 불과 유황으로 타는 못에 던져지리니 이것이 둘째 사망이라

21:9 일곱 대접을 가지고 마지막 일곱 재앙을 담은 일곱 천사 중 하나가 나아와서 내게 말하여 이르되 이리 오라 내가 신부 곧 어린양의 아내를 네게 보이리라 하고

21:10 성령으로 나를 데리고 크고 높은 산으로 올라가 하나님께로부터 하늘에서 내려오는 거룩한 성 예루살렘을 보이니

21:11 하나님의 영광이 있어 그 성의 빛이 지극히 귀한 보석 같고 벽옥과 수정 같이 맑더라

21:12 크고 높은 성곽이 있고 열두 문이 있는데 문에 열두 천사가 있고 그 문들 위에 이름을 썼으니 이스라엘 자손 열두 지파의 이름들이라

21:13 동쪽에 세 문, 북쪽에 세 문, 남쪽에 세 문, 서쪽에 세 문이니

21:14 그 성의 성곽에는 열두 기초석이 있고 그 위에는 어린양의 열두 사도의 열두 이름이 있더라

21:15 내게 말하는 자가 그 성과 그 문들과 성곽을 측량하려고 금 갈대 자를 가졌더라

21:16 그 성은 네모가 반듯하여 길이와 너비가 같은지라 그 갈대 자로 그 성을 측량하니 만 이천 스다디온이요 길이와 너비와 높이가 같더라

21:17 그 성곽을 측량하매 백사십사 규빗이니 사람의 측량 곧 천사의 측량이라

21:18 그 성곽은 벽옥으로 쌓았고 그 성은 정금인데 맑은 유리 같더라

21:19 그 성의 성곽의 기초석은 각색 보석으로 꾸몄는데 첫째 기초석은

벽옥이요 둘째는 남보석이요 셋째는 옥수요 넷째는 녹보석이요

21:20 다섯째는 홍마노요 여섯째는 홍보석이요 일곱째는 황옥이요 여덟째는 녹옥이요 아홉째는 담황옥이요 열째는 비취옥이요 열한째는 청옥이요 열두째는 자수정이라

21:21 그 열두 문은 열두 진주니 각 문마다 한 개의 진주로 되어 있고 성의 길은 맑은 유리 같은 정금이더라

21:22 성 안에서 내가 성전을 보지 못하였으니 이는 주 하나님 곧 전능하신 이와 및 어린양이 그 성전이심이라

21:23 그 성은 해나 달의 비침이 쓸 데 없으니 이는 하나님의 영광이 비치고 어린양이 그 등불이 되심이라

21:24 만국이 그 빛 가운데로 다니고 땅의 왕들이 자기 영광을 가지고 그리로 들어가리라

21:25 낮에 성문들을 도무지 닫지 아니하리니 거기에는 밤이 없음이라

21:26 사람들이 만국의 영광과 존귀를 가지고 그리로 들어가겠고

21:27 무엇이든지 속된 것이나 가증한 일 또는 거짓말하는 자는 결코 그리로 들어가지 못하되 오직 어린양의 생명책에 기록된 자들만 들어가리라

22장

22:1 또 그가 수정 같이 맑은 생명수의 많은 물을 내게 보이니 하나님과 및 어린양의 보좌로부터 나오더라

22:2 그 성의 개방된 광장 곧 그 많은 양의 물 가운데 바로 여기에 생명나무가 있어 열두 가지 열매를 맺되 달마다 그 열매를 맺고 그 나무 잎사귀들은 만국을 치료하기 위하여 있더라

22:3 다시 저주가 없으며 하나님과 그 어린양의 보좌가 그 가운데에 있으리니 그의 종들이 그를 섬기며

22:4 그의 얼굴을 볼 터이요 그의 이름도 그들의 이마에 있으리라

22:5 다시 밤이 없겠고 등불과 햇빛이 쓸 데 없으니 이는 주 하나님이 그들에게 비치심이라 그들이 세세토록 왕 노릇 하리로다

22:6 또 그가 내게 말하기를 이 말은 신실하고 참된지라 주 곧 선지자들의 영의 하나님이 그의 종들에게 반드시 속히 되어질 일을 보이시려고 그의 천사를 보내셨도다

22:7 보라 내가 속히 오리니 이 두루마리의 예언의 말씀을 지키는 자는 복이 있으리라 하더라

22:8 이것들을 보고 들은 자는 나 요한이니 내가 듣고 볼 때에 이 일을 내게 보이던 천사의 발 앞에 경배하려고 엎드렸더니

22:9 그가 내게 말하기를 나는 너와 네 형제 선지자들과 또 이 두루마리의 말을 지키는 자들과 함께 된 종이니 그리하지 말고 하나님께 경배하라 하더라

22:10 또 내게 말하되 이 두루마리의 예언의 말씀을 인봉하지 말라 때가 가까우니라

22:11 불의를 행하는 자는 그대로 불의를 행하고 더러운 자는 그대로 더럽고 의로운 자는 그대로 의를 행하고 거룩한 자는 그대로 거룩하게 하라

22:12 보라 내가 속히 오리니 내가 줄 상이 내게 있어 각 사람에게 그가 행한 대로 갚아 주리라

22:13 나는 알파와 오메가요 처음과 마지막이요 시작과 마침이라

22:14 자기 두루마기를 빠는 자들은 복이 있으니 이는 그들이 생명나무에 나아가며 문들을 통하여 성에 들어갈 권세를 받으려 함이로다

22:15 개들과 점술가들과 음행하는 자들과 살인자들과 우상 숭배자들과 및 거짓말을 좋아하며 지어내는 자는 다 성 밖에 있으리라

22:16 나 예수는 교회들을 위하여 내 사자를 보내어 이것들을 너희에게 증언하게 하였노라 나는 다윗의 뿌리요 자손이니 곧 광명한 새벽 별이라 하시더라

22:17 성령과 신부가 말씀하시기를 오라 하시는도다 듣는 자도 오라 할 것이요 목마른 자도 올 것이요 또 원하는 자는 값없이 생명수를 받으라 하시더라

22:18 내가 이 두루마리의 예언의 말씀을 듣는 모든 사람에게 증언하노니 만일 누구든지 이것들 외에 더하면 하나님이 이 두루마리에 기록된 재앙들을 그에게 더하실 것이요

22:19 만일 누구든지 이 두루마리의 예언의 말씀에서 제하여 버리면 하나님이 이 두루마리에 기록된 생명책과 및 거룩한 성에 참여함을 제하여 버리시리라

22:20 이것들을 증언하신 이가 이르시되 내가 진실로 속히 오리라 하시거늘 아멘 주 예수여 오시옵소서

22:21 주 예수의 은혜가 모든 자들에게 있을지어다 아멘

헬라어로 보는 성경시리즈 02
역사적 전천년일 수밖에 없는
요한계시록

초판발행 2020년 4월 20일

지은이_도상순
펴낸이_박종태
펴낸곳_비전북

마케팅_강한덕, 박상진, 박다혜
관리부_정문구, 정광석, 박현석, 김신근, 김태영(오퍼)
경영지원_이나리
토탈북_김경진
주소_경기도 고양시 일산서구 송산로 499-10(덕이동)
전화_031-907-3927 팩스_031-905-3927
이메일_visionbooks@daum.net
페이스북 @visionbooks 인스타그램 vision_books_
인쇄 및 제본 : 예림인쇄

공급처 : (주) 비전북
전 화 : (031) 907-3927
팩 스 : (031) 905-3927

*잘못된 책은 바꾸어 드립니다.
*책값은 뒤표지에 있습니다.
ISBN 979-11-86387-36-8

이 도서의 국립중앙도서관 출판예정도서목록(CIP)은 서지정보유통지원시스템
홈페이지(http://seoji.nl.go.kr)와 국가자료공동목록시스템
(http://www.nl.go.kr/kolisnet)에서 이용하실 수 있습니다.
(CIP제어번호: CIP2018002547)